O JOGO NO PSICODRAMA

Dados Internacionais de Catalogação na Publicação (CIP)
(Câmara Brasileira do Livro, SP, Brasil)

Motta, Júlia M. C. (org.)
    O jogo no psicodrama / organização Júlia M. C. Motta - 3. ed. São Paulo : Ágora, 2016.

Vários autores
Bibliografia.
ISBN 978-85-7183-503-0

1. Jogos - Uso terapêutico 2. Psicodrama I. Motta, Júlia M. C.

95-2903
                              CDD-616.891523
                              NML-WM430

Índices para catálogo sistemático:
1. Jogos : Psicodrama : Medicina   616.891523
2. Psicodrama : Jogos : Medicina   616.891523

www.summus.com.br

Compre em lugar de fotocopiar.
Cada real que você dá por um livro recompensa seus autores
e os convida a produzir mais sobre o tema;
incentiva seus editores a encomendar, traduzir e publicar
outras obras sobre o assunto;
e paga aos livreiros por estocar e levar até você livros
para a sua informação e o seu entretenimento.
Cada real que você dá pela fotocópia não autorizada de um livro
financia o crime
e ajuda a matar a produção intelectual de seu país.

O JOGO NO PSICODRAMA

Júlia M. Casulari Motta (org.), Maria do Carmo Eunice Mazzotta, Gisela Pires Castanho, Luís Falivene Roberto Alves, Dirce Ferreira da Cunha, Devanir Merengué, José Ciccone Neto, Yvette Betty Datner, Laura Maria de Castilho Dias, Rosane A. Rodrigues, Mário J. Buchbinder.

ÁGORA

Copyright © 1995 by autores

Nenhuma parte desta publicação poderá ser reproduzida, guardada pelo sistema "retrieval" ou transmitida de qualquer modo ou por qualquer meio, seja eletrônico, mecânico, de fotocópia, de gravação ou outros, sem a prévia autorização por escrito da Editora.

Capa:
Carlo Zuffellato
Paulo Humberto Almeida

EDITORA AFILIADA

Todos os direitos reservados pela

Editora Ágora Ltda.
R. Itapicuru, 613 - Cj. 82
05006-000-São Paulo, SP
Telefone: (011)871-4569

Sumário

Apresentação 7
Regina Fourneaut Monteiro

Introdução 9
Júlia M. Casulari Motta

1. Jogo dramático com crianças: a luta pela transformação ... 15
   Maria do Carmo Eunice Mazzotta

2. Jogos dramáticos com adolescentes 23
   Gisela Pires Castanho

3. Jogo: imaginário autorizado, imaginário exteriorizado 45
   Luís Falivene Roberto Alves

4. O jogo no psicodrama triádico 57
   Dirce Ferreira da Cunha

5. Jogos de casal: esconder e encontrar o protagonista 65
   Devanir Merengué

6. Consulta médica, jogo lúdico, relações interpessoais: visões de poder por diferentes ângulos 73
   Júlia Maria Casulari Motta e José Ciccone Neto

7. Jogando e aprendendo a viver 85
   Yvette Betty Datner

8. Jogo, a aventura da terceira idade 97
   Laura Maria de Castilho Dias

9. Jogo em espaço aberto 111
   Rosane A. Rodrigues

10. Máscaras, jogo e sociodrama 123
    Mário J. Buchbinder

11. Realidade-ilusão, verdade-mentira: onde é o palco do jogo? 133
    Júlia M. Casulari Motta

Apresentação

Este livro, uma bem-lembrada iniciativa de Júlia Motta, reúne vários profissionais escrevendo sobre Jogos Dramáticos numa abordagem de suas inúmeras modalidades de aplicação.

Vejo o aparecimento de mais um livro focalizando o tema como evento a ser comemorado com a alegria do nascimento de uma criança, e é para mim muito honroso participar dessa festa como madrinha.

Reporto-me ao início de minha formação de psicodramatista em 1968 e aos idos de 1979, quando ousei, com entusiasmo, escrever o primeiro livro sobre o assunto. Minha paixão pelos jogos aconteceu à primeira vista, sempre me sentindo fascinada e atraída por eles, pelo seu poder de levar as pessoas ao alcance da liberdade do lúdico, da criação e da fantasia no contexto do teatro moreniano.

Cada vez mais tenho a certeza de que a semente que lancei está florescendo. Colegas competentes escrevem, publicam, falam sobre os Jogos Dramáticos. Estes fazem parte do seu dia-a-dia, em seu trabalho e em suas vidas. É com satisfação e orgulho que vejo minha idéia prosperar. Parabéns a todos que como eu acreditam no homem e em sua capacidade inesgotável de criar e recriar.

Agradeço a oportunidade oferecida pelos autores, e principalmente por Júlia, para que eu deixasse aqui este recado carinhoso.

Regina Fourneaut Monteiro

Introdução

Escrever este livro em grupo foi um jogo, que começou como um sonho, uma fantasia, um desejo que foi tomando força para se transformar em ação. Primeiro as sondagens, seguidas das pesquisas de interesse, os convites e a formação do time (coincidentemente somos onze autores).

Começamos o trabalho quase que aceitando um projeto inicial que havia feito como coordenadora. Mas ao longo de muitas cartas, fax, telefonemas e conversas, o projeto foi tomando uma nova dimensão. Hoje, este livro, fruto do trabalho em grupo, é conquista dos autores. É um filho de co-autores que co-dirigiram esta construção.

O primeiro mérito desta obra é ser pioneira na literatura psicodramática brasileira como uma reflexão de grupo de um tema específico. Acrescida a esta originalidade, o fato deste tema ser *"JOGOS"*. Inicialmente, o livro foi chamado de "A questão dos jogos no psicodrama". Nome forte, que chama atenção para a existência de uma questão com relação ao JOGO no Psicodrama. Esta questão vai desde ignorar o jogo até a transformação do psicodrama em jogo, passando pelo conceito reducionista de chamar de "jogo dramático" toda ação lúdica, brincadeira, ou jogo, somente porque ocorre no contexto psicodramático ou é proposto por um psicodramatista.

Compreendemos como lúdico uma qualidade, um adjetivo que se refere a jogo ou divertimento. Brincadeira como uma ação desenvolvida por uma ou mais pessoas sem compromisso de regras, marcação de contexto ou tempo. Já o jogo pressupõe uma ação que visa um objetivo que pode ser o próprio jogo, que tem ritmo, contexto, regras que regem os jogadores e o próprio jogo. Nada mais desagradável do que o "desmancha-prazeres", aquele que rompe com a regra do jogo, quando a regra é não romper. Mas é possível, por exemplo, em um jogo se estabelecer a regra de "quem consegue romper as regras".

O jogo, portanto, não é sinônimo de brincar ou de lúdico. Freqüentemente se ouve dizer na comunidade psicodramática, escrita ou falada, que o jogo é ação em "campo relaxado". Compreendemos que esta expressão queira traduzir a característica do jogo de possibilitar o distanciamento da pessoa do contexto da realidade social com relação ao tema que se transformará em jogo.

Ao assumirem suas personagens jogadoras, os participantes se dispõem a entrar no contexto do "como se", da realidade suplementar. Este distanciamento é que compreendemos como "campo relaxado" e não o jogo em si. Durante o jogo, muitas vezes, vive-se momentos de grandes tensões, aliás, esta é uma característica comum nos jogos que são dramáticos: tensão na busca da solução do conflito. Pode-se, portanto, eliminar uma tensão para entrar em outra — a tensão da personagem que viverá o jogo. Nosso livro mostra um leque de opiniões e visões do jogo no psicodrama. No momento da escolha definitiva do nome promovemos o jogo democrático das urnas — votamos aberto com justificativas, trocas de opiniões e escrutínio pela maioria absoluta: "O jogo no psicodrama".

Escolhemos uma determinada seqüência para os artigos, todos escritos por professores de psicodrama interessados em construir um compêndio sobre jogos. Como professores de cursos de formação em psicodrama sabemos que para chegar a dramatizar, que é um jogo específico, original e criativo de Moreno, é preciso desenvolver a ludicidade, para brincar e jogar.

Acreditamos que esta seqüência dos textos poderá auxiliar o leitor a formar seu próprio conceito do "Jogo no Psicodrama". Este livro procurou respeitar as diferentes posições dos professores-autores. Consideramos que o leque de conceitos apresentados e maneiras peculiares de jogar no trabalho psicodramático cria um perfil da nossa realidade: não temos um único conceito nem uma metodologia definitiva para os jogos no psicodrama. Mas temos a consciência do valor e da necessidade de continuarmos estudando e pesquisando jogos. Este livro, portanto, tem também o mérito de explicitar a cena moreniana da criação: no palco vazio, uma cadeira de espaldar alto e o convite para experimentarmos um aprofundamento do estudo dos jogos.

Na qualidade de organizadora do livro, após ler cada artigo, formulei perguntas aos seus autores, como uma leitora/ouvinte, "como se" estivéssemos numa mesa-redonda.

Nosso primeiro artigo, da professora Maria do Carmo (Kaká) Mazzotta, *Jogo dramático com crianças: a luta pela transformação*, traz uma conceituação de jogos dramáticos como o instrumento moreniano fundamental do trabalho com crianças, chamando nossa atenção para a formação das personagens que representarão papéis, os recursos técnicos do diretor de psicodrama que facilitam esta expressão e a sociometria presente nos grupos. O trabalho nos oferece a possibilidade de acompanharmos a direção via personagem e a evolução das personagens no jogo dramático.

O artigo *Jogos dramáticos com adolescentes* da professora Gisela Pires Castanho, seguindo as fases da Matriz de Identidade, apresenta uma possível forma de trabalho com jogos na adolescência. Propõe uma divisão didática dos jogos dramáticos, que define — como os que acontecem no contexto dramático — em três grupos: os jogos do Eu comigo, são os jogos de introspecção; os do Eu com o outro, são os jogos de percepção e os jogos do Eu com todos, são os jogos de integração. Desta maneira podemos ver as peculiaridades dessa fase evolutiva do homem.

A criança que adolesceu agora é adulta e revê os papéis que foi desenvolvendo nas fases anteriores. O professor Luís Falivene Roberto Alves, em seu artigo *Jogo: imaginário autorizado, imaginário exteriorizado*, traz a originalidade de nos chamar a atenção para a necessidade de autorização externa e interna para se criar o equilíbrio que é a base da verdadeira autoridade, vista como identidade do autor, criador. Em exemplos de sua prática processada, mostra como o jogo dramático é instrumento valioso na construção da identidade do autor, criador.

Além disso, faz a distinção entre dramatização e jogo dramático, brindando-nos com reflexões sobre o protagonista nos dois recursos psicodramáticos.

Também no trabalho com adultos, mas com suas especificidades do psicodrama triádico, temos o artigo da professora Dirce Ferreira da Cunha, *O jogo no psicodrama triádico*. Seu trabalho nos relata como esta vertente do Psicodrama baseado no tripé — grupo análise, psicodrama e dinâmica de grupo — utiliza os jogos. No exemplo processado pela autora, podemos refletir como o jogo foi utilizado para denunciar o conflito através da constituição das personagens. Mas, diferentemente do artigo anterior, a solução foi buscada no contexto grupal, na abordagem grupo-análise.

Na seqüência, o artigo *Jogos de casal: esconder e encontrar o protagonista*, do professor Devanir Merengué, direciona nossa atenção para os jogos circulares que a relação amorosa vai permitindo que ocorra. Faz uma leitura teórica da psicossociopatologia do vínculo de casal nos jogos de disputa de poder. As personagens que vão se cristalizando nas transferencialidades em graus crescentes, manifestas nos jogos repetitivos, e o aparecer da personagem protagônica que traz o frescor do jogo em espiral, que renova, refaz, reconduz o casal ao seu projeto de relação amorosa feliz.

Após casarmos as nossas personagens jogadoras, agora estas aparecerão e serão objetivo de estudo no contexto de um consultório, numa consulta médica por gravidez. Este é o tema abordado pelos professores José Ciccone Neto e Júlia Casulari Motta no artigo: *Consulta médica, jogo lúdico, relações interpessoais: visões de poder por diferentes ângulos.*

A novidade neste trabalho é mostrar o psicodrama aplicado na clínica médica através de jogos. No primeiro exemplo é processado um jogo de "contar história" transformando o drama privado em coletivo. O anonimato que "o conto", como jogo, permite a multiplicação dramática. No segundo exemplo, que não é um jogo, mas a reflexão dos pressupostos necessários para o jogo — o vínculo, o contexto, o contrato.

O jogo no contexto de empresas é a reflexão do texto *Jogando e aprendendo a viver* da professora Yvette B. Datner. Através de exemplos práticos, este trabalho leva à reflexão de como o jogo no ambiente de trabalho está próximo do real. As personagens desenvolvidas foram aspectos do contexto da realidade do dia-a-dia, como se o distanciamento permitido na "realidade séria empresarial" esperasse que o jogo reproduzisse a vida da empresa, bem assinalado pela autora no protocolo *Jogo da Empresa Viva.* Também nos faz refletir sobre as duas grandes áreas de atuação nas empresas: seleção e treinamento.

Nosso próximo capítulo inicia com uma oportuna e necessária reflexão sobre a terceira idade. A professora Laura Maria de Castilho Dias no artigo *Jogo, a aventura da terceira idade* traz também dois exemplos de sua prática, que nos levam a refletir sobre o potencial espontâneo-criador que permanece com o ser humano ao longo de sua existência. O grupo de jogadores da terceira idade encontrou, através de suas personagens, a saída original para um conflito, no dizer moreniano, uma resposta nova para uma questão antiga.

Agora, nossos atores/jogadores estão no *socius*, na rua, no metrô, no anonimato da *pólis*: é o contexto do artigo da professora Rosane A. Rodrigues em *Jogo em espaço aberto.* O artigo sobre o contexto lúdico que se caracteriza pela expressão de prazer, acordo e vigência. Discorre sobre o jogo na formação do psicodramatista, revelando um projeto pedagógico da construção e desenvolvimento das personagens e a criação do jogo espontâneo, bem como o papel do professor-diretor que desenvolve a direção via personagem.

Completando o panorama, o contexto é então sociodramático no artigo do professor Mário J. Buchbinder *Máscaras, jogo e sociodrama*. Este trabalho nos direciona a olharmos o uso das máscaras como instrumento terapêutico, revelando que "o homem põe máscaras para tirar a máscara". De maneira didática, descreve os passos básicos para o sociodrama com máscaras apresentando uma proposta teórica dos jogos divididos em categorias que chamou de: Happy-end, Tragédia e Becketiana.

O último texto nasceu para ser a introdução do livro, pois ele é uma reflexão teórica sobre o contexto do jogo. Depois de todos prontos, durante uma reunião dos co-autores, decidimos que este trabalho deveria ser considerado um artigo e entrar no final da obra, pois reflete o contexto.

A autora, Júlia Casulari Motta, desenvolve uma possível reflexão sobre o que é realidade e em que realidade o jogo ocorre: *Realidade-ilusão, verdade-mentira: onde é o palco do jogo?*

Através de cenas de filmes o artigo discute as ligações entre realidade complementar, realidade suplementar e realidade virtual.

O jogo, como ação na realidade suplementar, onde é possível reunir elementos da tradição cultural, do conhecido, da realidade complementar e elementos da imaginação, do desconhecido, da realidade virtual, que juntas possibilitam o jogo dramático, o jogo do palco do criador.

Júlia M. Casulari Motta

1. Jogo dramático com crianças: a luta pela transformação

*Maria do Carmo Eunice Mazzotta**

Todas as tentativas de relatar jogos dramáticos vivenciados em grupos de psicoterapia psicodramática com crianças foram para mim frustrantes. O resultado da descrição parecia-me muito distante da experiência vivida, empobrecedor a tal ponto que concluí ser uma tarefa impossível. As palavras não expressavam a intensidade emocional presente nas sessões. As possibilidades de leitura de seus conteúdos seriam suficientes para escrever um livro. Os questionamentos a respeito do manejo técnico surgiam embaralhando o raciocínio. Como descreveria um jogo sem relatar os anteriores? Sem colocar as compreensões e vivências que conduziram-me a instrumentalizar uma determinada ação, de uma forma ou de outra? Enfim, como poderia evitar o risco de caracterizá-lo como algo superficial? Talvez possamos compreender o abismo entre a vivência do jogo dramático com crianças e seu relato pelo fato de apresentarem-se em lógicas diferentes. Frente ao desafio de integrá-las em um texto, encontrei como saída iniciar focalizando o papel do diretor de jogos dramáticos em grupos de crianças. Reúno imagens que ficaram registradas a respeito de minha vivência neste papel, reflexões referentes a conceitos e técnicas psicodramáticas e um resumo de algumas sessões com jogo dramático num grupo de crianças. Através destas três referências fundamento minha compreensão a respeito de jogo dramático.

---

* Psicóloga, psicodramatista, professora-supervisora pelo Instituto de Psicodrama e Psicoterapia de Grupo de Campinas-IPPGC.

Como acontecem os jogos dramáticos num grupo de crianças?

Eles podem nascer de uma brincadeira, a partir de um desenho ou história infantil, ou mesmo da simples exploração do material disponível na sala (fantoches, roupas, perucas, máscaras, maquiagem, etc.). A partir destes iniciadores, cada participante define sua personagem e surge entre eles uma interação. Cabe ao diretor estimular o envolvimento dos participantes com suas personagens e com as dos demais (aquecimento).

No jogo dramático com crianças, a participação do psicodramatista inclui a criação de personagens e a representação de papéis. Quando necessárias, são realizadas breves interrupções para pequenos acertos, a fim de dar continuidade à ação.

Durante a dramatização, a atenção do diretor permanece voltada para três aspectos principais:

- os conteúdos expressos nas personagens e nos papéis psicodramáticos;
- os recursos técnicos que podem facilitar sua expressão;
- as estruturas relacionais presentes no grupo (Sociometria).

Ao mesmo tempo em que busca propiciar um envolvimento cada vez mais intenso da subjetividade dos participantes no desempenho de seus próprios papéis, o diretor os segue "regendo", a fim de que todos tenham espaço para se colocarem e interagirem, concretizando a intersubjetividade grupal.

A vivência do jogo dramático requer um relacionamento grupal que promova confiança e liberdade de expressão. O jogo dramático traz consigo uma "licença" ou "permissão" para que os participantes voltem sua atenção para um outro (personagem) que, ilusoriamente, não tem o compromisso de ser coerente com aquilo que definem como sendo eles mesmos.

Mas, afinal, como definir um jogo dramático num grupo de crianças?

Regina Monteiro, ao referir-se às brincadeiras de "faz-de-conta", coloca que "a criança alcança pleno domínio da situação, vivendo e convivendo com a fantasia e a realidade, capaz de passar de uma a outra, criando assim a possibilidade de elaboração de seus anseios e fantasias..."[1].

Inicio pensando que o jogo, num grupo de crianças, conduz à manifestação do co-inconsciente grupal. Uma forma de traduzir a vivência do jogo dramático é a idéia de uma luta constante. Revezam-se posições, personagens, temas, conteúdos, atores, formas de expressão, porém, a luta está sempre presente. O que se modificam são as armas, ou melhor, os recursos que os participantes descobrem para enfrentá-las. A cada nova luta, novos elementos se integram culminando em transformações. Quanto mais experimentam lutar, mais fortes sentem-se para continuar.

Entendo que a luta travada na situação do jogo dramático traduz a busca do desenvolvimento do potencial humano frente às dificuldades ou mesmo aos impedimentos encontrados. É a luta pela transformação, diante das ameaças do desconhecido e das contradições inerentes à própria vida.

Assim, o jogo dramático enquanto luta é a busca da expressão, da sobrevivência, do resgate da espontaneidade criadora, que leva à transformação concomitante e indissociável do homem e dos grupos.

Vários psicodramatistas já escreveram e pesquisaram a respeito da origem da dramatização associada aos fenômenos de rituais da Antigüidade, dos mitos e da tragédia grega. Encontramos nas descrições destes acontecimentos funções semelhantes às do jogo dramático.

Para Carlos Menegazzo[2], o ato dramático emerge do ritual mágico e evolui no contexto rito-oferenda-mítico, sendo definido como jogo de simbologia compartilhada. Júlia Motta[3] diferencia os jogos dramáticos de outras formas de jogos como de percepção, de iniciação, de improviso, situando-os em diferentes estágios do desenvolvimento da criança e correlacionando-os à evolução histórica do jogar na espécie humana. Em sua definição, o jogo dramático é aquele em que ocorre uma transformação do ator, do homem criador que reescreve o *script* de sua cena. Tais estudos e definições sustentam colocações que correspondem às que considero ser um jogo dramático.

O que diferencia o jogo dramático no Psicodrama é o fato de a representação dramática estar associada à intervenção do diretor/ego-auxiliar, ou seja, há uma instrumentalização das personagens nela envolvidas. Elas são compreendidas e trabalhadas à luz dos conceitos e técnicas psicodramáticas.

A fim de concretizar tal instrumentalização, convido o leitor a imaginar uma situação que, longe de ser uma descrição detalhada do que seja um jogo dramático, pode exemplificá-la. Trata-se de um resumo referente a várias sessões de um grupo de crianças.

Imaginemos uma ação dramática criada por um grupo de meninas. Enquanto exploram o material disponível na sala de atendimento, escolhem roupas e adereços delineando através deles a composição de suas personagens[4].

A ação dramática ainda não teve início. Estão na etapa de aquecimento inespecífico, na qual o ato de vestir-se é acompanhado pela descrição verbal de suas personagens. Elas são assim definidas pelo grupo: "uma bruxa que come crianças"; "meninas que conseguem escapar da bruxa".

Inicia-se a etapa de dramatização. No aquecimento específico montam rapidamente o cenário, demarcando o espaço da floresta e o da casa da bruxa. A cena se desenrola de forma que a personagem-bruxa não atinge seu propósito dramático (comer crianças) e as personagens crianças, apesar de serem seduzidas pela bruxa, atingem seu propósito dramático inicial (escapar da bruxa). Esta representação é repetida pelo grupo algumas vezes, com rodízio entre as crianças participantes, apresentando algumas variações, até que fica definida: as meninas estão brincando numa floresta, quando chega uma bruxa oferecendo suco e convida-as para irem a sua casa. Elas vão, porém, não sabem que é uma bruxa.

Quando entram na casa, caem numa armadilha e ficam presas num quarto. A bruxa, então, revela-se como tal, dizendo que vai comê-las. As meninas conseguem escapar quando a bruxa abre a porta do quarto para lhes trazer uma sopa com sonífero.

Temos nesta cena os seguintes papéis psicodramáticos:[5] — "bruxa que quer comer meninas" — "meninas que escapam da bruxa".

O projeto do diretor/ego-auxiliar é explorar estes papéis, visando um aprofundamento da intersubjetividade grupal. Sugere então que as crianças-participantes representem o papel da bruxa que quer comer crianças e cria uma nova personagem: "menina que não consegue escapar da bruxa". Elas aceitam e solicitam à diretora/ego-auxiliar para representá-la.

Através da técnica de interpolação de resistências, são exploradas pela diretora/ego-auxiliar as fantasias do grupo a respeito da personagem "bruxa que come crianças". Expressam a agressividade presente nesta personagem iniciadora.

Na cena seguinte as crianças-participantes representam o papel psicodramático "meninas que não conseguem escapar da bruxa" e solicitam à diretora/ego-auxiliar que represente uma fada que irá atender aos pedidos das meninas. Definem que na cena a fada dará poderes para que as meninas consigam matar a bruxa. Explicam que só assim a bruxa não comerá mais crianças. Surge novamente na cena dramatizada a protagonização da agressividade através da fantasia de matar a bruxa.

Retomamos a cena inicial e desta vez ocorre uma inversão de papéis, na qual a diretora/ego-auxiliar representa o papel psicodramático "bruxa que quer comer meninas" e as crianças-participantes representam o papel psicodramático "meninas que vão enfrentar a bruxa". Desta vez as meninas, em vez de escaparem, empurram a bruxa para dentro do caldeirão de sopa.

Após esta cena as crianças-participantes consideram terminado o teatro, comentam rapidamente alguns aspectos da dramatização e partem para outra atividade.

As personagens "crianças que escapam da bruxa" foram transformadas através da ação do jogo dramático em "meninas que enfrentam e vencem a bruxa".

O conflito presente era "queremos enfrentar essa bruxa que come crianças, mas só podemos escapar dela". Para enfrentar esse conflito, precisaram liberar a agressividade que estava contida e encoberta pela personagem iniciadora (crianças espertas que conseguem escapar da bruxa).

A referência do diretor/ego-auxiliar não foi a interpretação das personagens, pois esta revelação ocorre através do desempenho dos papéis psicodramáticos. Houve uma instrumentalização desses papéis através da exploração dos papéis opostos ("meninas que não conseguem escapar da bruxa" *versus* "meninas que escapam da bruxa" e "fada" *versus* "bruxa que come crianças"). Os recursos técnicos utilizados foram a interpolação de resistências e a inversão de papéis.

Calvente[6] explicita a técnica de Interpolação de resistências, ressaltando sua importância na função de promover aquecimentos mais amplos que incluam a situação de conflito. É com este objetivo que a técnica foi empregada no jogo acima citado.

Quanto à técnica de Inversão de Papéis, Moreno[7], enfatiza sua importância para o surgimento da espontaneidade, fator fundamental na ocorrência de transformações.

No atendimento de crianças, as técnicas psicodramáticas estão inseridas nos papéis psicodramáticos que o diretor/ego-auxiliar desempenha. Portanto, o jogo dramático com crianças é um processo de co-criação dramática que ocorre através da comunicação co-consciente e co-inconsciente estabelecida entre o diretor/ego-auxiliar e os participantes do grupo.

Voltemos agora à imagem da luta, utilizada no início do texto para descrever o jogo dramático. Agora ela está mais evidente, podendo ser teoricamente traduzida por:

• transformação das personagens em papéis psicodramáticos através da ação;
• exploração dos antagonismos e oposições existentes nestes papéis;
• expressão dos conflitos e dos sentimentos bloqueados;

- fortalecimento dos participantes;
- recriação dos papéis e transformação dos participantes.

A ilustração apresentada nos leva a refletir também sobre a amplitude de possibilidades de exploração e criação no jogo dramático. Outras intervenções técnicas poderiam ter sido traçadas, outros tantos caminhos poderiam ter sido percorridos, pois a criatividade, elemento fundamental do jogo dramático, não tem limites. Da mesma forma, nossas reflexões referentes às situações na qual a criação ocorre são também ilimitadas.

O limite é aqui colocado pelo projeto da autora de mostrar uma possibilidade de intervenção do psicodramatista no jogo dramático. Entretanto, você leitor pode, a partir do texto, viajar em sua imaginação, buscando outras reflexões. Tal qual um participante de um jogo dramático, encontra-se frente a uma diversidade de caminhos para novas criações.

Pergunta da organizadora: O jogo dramático é o principal elemento transformador no Psicodrama com crianças?

Resposta: O jogo dramático caracteriza-se pelo caráter simbólico das personagens constituídas no drama.

A linguagem simbólica e lúdica é a forma natural de expressão na infância e é por meio dela que a espontaneidade criadora se manifesta, possibilitando transformações nas estruturas relacionais.

No jogo dramático todos os participantes são atores, e a criação conjunta viabilizada pela comunicação consciente e co-inconsciente traduz os conflitos emergentes entre a expressão do potencial humano e as pressões culturais estruturadas pelos grupos, de modo a garantir sua continuidade.

O próprio desempenho dos papéis psicodramáticos, que simbolicamente refletem os conflitos vividos nos papéis sociais, constitui o elemento transformador. A criança transpõe, naturalmente, as vivências do contexto social para o dramático, assim como do dramático para o social.

A "licença" ou "permissão" para colocar-se como outro (personagem) que o jogo dramático proporciona é fundamental para o atendimento de crianças por dois motivos principais: em primeiro lugar, porque a identidade da criança está em processo de formação e, em segundo lugar, porque é inerente a esta formação uma dependência dos grupos aos quais pertencem, especialmente de sua família. Poder mostrar-se e expressar os conflitos presentes nesses grupos de uma forma simbólica é uma proteção que garante um aprofundamento nesses conflitos e nas emoções neles envolvidas. Cada jogo dramático criado pelo grupo pode ser uma nova forma de experimentar diferentes respostas frente a esses conflitos. Novos elementos integram-se às vivências interiores.

Quanto mais espontâneo-criativo for o desempenho dos papéis psicodramáticos, melhor estruturada estará a criança para desempenhar os papéis sociais, vencendo bloqueios e desenvolvendo seu potencial.

Em função desses aspectos acima mencionados, considero o jogo dramático, enquanto processo co-criativo e simbólico, não apenas o recurso fundamental, mas o próprio eixo do projeto psicodramático com crianças.

Referências Bibliográficas

1. MONTEIRO, Regina F. *Jogos dramáticos*. São Paulo, McGraw-Hill do Brasil, 1979.
2. MENEGAZZO, Carlos M. *Magia, Mito e Psicodrama*. São Paulo, Ágora, 1994.
3. MOTTA, Júlia M. C. *Jogos: Repetição ou Criação?*. São Paulo, Plexus, 1994.
4. Emprego o termo personagem para designar a figura representativa de um conjunto de idéias, ações e sentimentos que emergem na etapa de aquecimento, anterior à dramatização.
5. Emprego o termo papel psicodramático para designar a personagem corporificada num ator através da ação dramática. O papel é definido pelo contra-papel presente nesta ação.
   Os papéis de "fada" e de "meninas que não conseguem escapar da bruxa" são papéis psicodramáticos opostos aos de "bruxa" e "meninas que conseguem escapar da bruxa". Através deles manifesta-se a agressividade.
6. CALVENTE, Carlos. "Interpolação de Resistências". *In*: *Técnicas Fundamentais do Psicodrama*, vários autores. São Paulo, Brasiliense, 1993.
7. MORENO, J. L. *Fundamentos do Psicodrama*. São Paulo, Summus Editorial, 1983.

2. Jogos dramáticos com adolescentes

*Gisela Pires Castanho**

Os adolescentes, em geral, estão sempre dispostos a jogar e a brincar. É fácil uma atividade virar jogo, uma conversa terminar em brincadeira ou em provocação e gargalhada.
Então, é fácil propor jogo dramático a adolescentes?
Nem sempre, eu diria.
O adolescente é também arredio e desconfiado quanto a envolver-se e comprometer-se com propostas que vêm de fora, isto é, quando ele não sabe bem aonde aquilo vai dar, ou não sabe o que querem dele. Ele precisa ter o controle da situação.
As instabilidades desta fase da vida fazem do adolescente alguém com as emoções mais ou menos à flor da pele. Qualquer imprevisto, e pode vazar a expressão de algo que não era para ser exposto: algo que ele ainda não está seguro se pode ser mostrado ou compartilhado. Daí encontrarmos tantos adolescentes com discurso muito racional e defendido.
— "Não faz mal que não tenho muitos amigos. Eu não preciso deles. Melhor só, do que mal acompanhado, você sabe, depois eles ficam rindo do meu jeito e eu não gosto disso. Prefiro ficar só."
Dependendo de como for proposto, o jogo dramático pode ser sentido como invasivo, desestabilizador de um controle emocional precário, porém, normal nessa fase da vida.
Podemos, então, encontrar resistência ao jogo. E esta se manifesta de diferentes maneiras (eles são mestres na arte de boicotar ati-

---

* Psicóloga, psicodramatista, terapeuta de alunos pela FEBRAP e professora na SOPSP e SEDES SAPIENTIAE, em São Paulo.

vidades quando elas não vão ao encontro da necessidade deles): sono, moleza, bagunça, risadas, etc. Por isso, diria que o jogo dramático, bem como qualquer atividade que se faça com adolescentes que atinja o lado emocional, deve ser dirigida com muita sensibilidade e cuidado.

Neste capítulo, faço algumas reflexões sobre Jogos Dramáticos e sua aplicação em grupo de adolescentes. Após conceituar os Jogos Dramáticos, sigo expondo um conjunto de propostas de jogos, seus diferentes objetivos e exemplos ordenados pelas fases da Matriz de Identidade. Acrescento considerações sobre alguns temas típicos da adolescência:

- jogos para trabalhar o corpo, imagem corporal e sexualidade;
- jogos que trabalham o projeto de vida futura;
- jogos sociométricos;
- jogos para temas difíceis: violência, drogas, abandono, etc.

Adolescência e jogos dramáticos

O jogo dramático é uma das técnicas mais utilizadas quando se trabalha com adolescentes. Eles costumam se empolgar e entrar para valer nas propostas. É um mostrar-se-escondendo, ou falar-sem-dizer que acaba revelando aquilo que permanecia tão difícil de ser exteriorizado.

O jogo é fundamental no trabalho com adolescentes, às vezes até mais importante do que a palavra, já que, geralmente, a confusão interna é grande e a ansiedade impede a discriminação das emoções. Através do jogo cria-se um clima lúdico que permite a colocação de temas que, se fossem abordados verbalmente, teríamos de esperar o adolescente amadurecer e resolver parte de seus conflitos para serem transformados em palavras e explicados.

Assim, o jogo dramático ganha espaço no trabalho com adolescentes que não agüentam ficar parados por muito tempo. O movimento é parte importante do seu processo expressivo. Quanto mais novos os adolescentes, mais precisam de movimento, menos explicam sobre o que sentem, e mais necessitam de objetos intermediários para terem acesso ao mundo interno. O jogo dramático fornece maneiras criativas de se lidar com os conflitos, pois propõem sempre que a abordagem do tema seja em campo relaxado de conduta[1].

As transformações corporais e hormonais, por um lado, e o aumento da atividade da fantasia como função mental, por outro, trazem ao adolescente uma confusão e um conjunto de sensações inexplicáveis, que o tornam um ser instável, capaz de oscilar entre um imenso prazer e a mais terrível sensação de angústia, acarretando conflitos familiares, problemas nos estudos e diminuição na capacidade de concentração entre outras dificuldades. Um quarto em bagunça, um armário, um diário ou até uma simples caixinha pode conter toda a intimidade de um ser que precisa se refugiar em espaços invioláveis para terminar seu desenvolvimento com o que for possível de tranqüilidade. Neste panorama de transição entre infância e vida adulta, com novas cobranças sociais, temores relativos ao futuro e ao sucesso no plano afetivo, o adolescente se encontra com muita necessidade de extravasar o que sente, precisando da continência de seu grupo de iguais. Mas, ao mesmo tempo, há o medo do ridículo e da rejeição a esmagá-lo contra a parede da solidão.

Que horror! Como é que eles suportam tudo isso? Será mesmo assim tão terrível? Como será que nós, adultos, conseguimos sobreviver a tudo isso relativamente inteiros?

É claro que para alguns essa fase é mais sofrida do que para outros mas, certamente, se nos lembrarmos de nossa adolescência e dos adolescentes que conhecemos veremos o papel fundamental que os mais simples jogos vêm desempenhando em nossas vidas nos momentos de tensão. É a possibilidade de retomar a espontaneidade bloqueada pela emoção.

O psicodramatista, portanto, ao utilizar jogos dramáticos, conta com uma técnica poderosa no sentido de permitir sua comunicação com o adolescente, e deste com o grupo.

Mas o que é Jogo Dramático?

Vamos começar por: O que é jogo.

Jogo é sinônimo de divertimento, de brincadeira que segue algumas regras. Sem o aspecto lúdico não há jogo, embora este não se oponha à seriedade. Alguns jogos são extremamente sérios quanto ao comprometimento do jogador com a proposta.

Há no jogo uma intensidade, um poder de fascinação e uma capacidade de excitar que é o que define sua essência. Portanto, tensão, alegria e divertimento são características primordiais do jogo.

Segundo J. Huizinga, o puro e simples jogo constitui uma das principais bases da civilização. O jogo é uma função da vida, mas não é possível ser definido exatamente em termos lógicos, biológicos ou estéticos. Temos de nos limitar a descrever suas principais características:

O jogo é uma atividade voluntária. Sujeito a ordens, deixa de ser jogo. O jogo é livre e joga-se por prazer.

Jogar não é "vida corrente". É uma interrupção temporária da vida "real" para se entrar na esfera do "faz-de-conta".

O jogo é realizado visando uma satisfação que consiste em sua própria realização. É um intervalo na vida cotidiana.

O jogo tem regras próprias que precisam ser obedecidas, não importa quais sejam, e isso confere ao jogo outra de suas características essenciais: ele cria ordem e é ordem. A desobediência às regras implica o final do jogo. Se mudarmos as regras, mudamos o jogo.

O que é jogo dramático?

Jogo dramático é aquele que acontece no contexto dramático, no "como se". Regina Monteiro o define como "toda atividade que propicie ao indivíduo expressar livremente as criações de seu mundo interno, realizando-as na forma de representação de um papel, pela produção mental de uma fantasia, ou por uma determinada atividade corporal".

Em um trabalho anterior defini que jogo dramático é aquele que tem dramaticidade. No teatro a dramaticidade ocorre quando a cena expressa um conflito. Sem conflito não há dramaticidade e a cena é vazia. O jogo dramático deve, de alguma forma, comover, isto é, envolver emocionalmente o participante na atividade de expressar as criações de seu mundo interno (o que é criado na sua subjetividade).

Segundo Rosa Cukier o objetivo do jogo dramático é permitir uma aproximação terapêutica do conflito.

J. Motta escreve que o jogo dramático é aquele que permite uma transformação do jogador. O fato de ocorrer um *insight* no jogador, que possibilite mudança e crescimento, é o que o define como jogo dramático e não jogo de percepção, de iniciação ou de improviso.

Pessoalmente, acredito na possibilidade de todo e qualquer jogo ocorrido no contexto dramático ter o poder de transformar internamente o jogador à medida que se possa jogar com espontaneidade.

Técnicas de aquecimento bem-conduzidas favorecem o aparecimento da espontaneidade necessária, e este deve ser o objetivo do diretor de psicodrama: numa dramatização de cena do mundo interno, em um jogo dramático ou em um sociodrama, busca-se o desempenho espontâneo dos papéis.

Toda ação espontânea traz em si uma transformação: se é espontânea é necessariamente algo novo. É um aspecto a mais do indivíduo que surge de dentro de si e que ele passa a ter consciência.

A experiência da espontaneidade é algo prazeroso. Traz uma sensação de liberdade, de força interior e de criatividade. É um enriquecimento a partir de si mesmo. O ato espontâneo nos faz entrar em contato com nosso próprio potencial, e a possibilidade de vê-lo transformado em ação/criação traz uma sensação muito estimulante.

Concluindo, além das definições iniciais a respeito do contexto, da expressão do mundo interno e da dramaticidade, eu acrescentaria que o jogo é dramático quando desperta a espontaneidade nos jogadores.

Etapas dos jogos

1. Aquecimento

Todo jogo dramático é iniciado por um aquecimento. Este consiste em alguma atividade que permita ao grupo preparar-se para a nova situação, alcançando um ponto ótimo de tensão: não tão alta que desestruture o grupo, nem tão baixa que as pessoas permaneçam em estado de não-compromisso com a proposta.

Assim, o aquecimento é a parte do jogo que exige os maiores cuidados do diretor. É o aquecimento que vai criar o clima do jogo, que vai permitir ao jogador liberar sua espontaneidade dentro de um contexto protegido e em campo relaxado.

Adolescentes se aquecem com muita facilidade, às vezes já entram na sala prontos para a ação e cabe ao diretor perceber o nível do aquecimento para propor o jogo adequado ao clima do grupo, ou quando a agitação for exagerada, esperar o grupo desaquecer um pouco para que não se entre em um caos improdutivo.

Muitas vezes eles já entram na sala jogando e o diretor deve preparar-se rapidamente para acompanhar o grupo e tirar proveito do "jogo que está em jogo". Se estivermos em dúvida, poderemos consultar o grupo sobre como se sentem no momento, ou ainda, se determinada percepção do diretor a respeito do grupo é verdadeira.

O aquecimento não deve significar uma quebra, mas ao contrário, deve ser uma forma de aproveitar o clima do grupo e transformá-lo em uma ação que permita um movimento de autoconhecimento. Ressalto que a proposta do jogo deve partir de uma necessidade do grupo para que os adolescentes entrem no jogo o mais "inteiros" possível. Quando o grupo de adolescentes entra no jogo com espontaneidade, este torna-se muito rico, propiciando novas visões da realidade a serem elaboradas, promovendo novas percepções e novas distinções, e eles se beneficiam muito da atividade.

2. Jogo

Após o aquecimento vem o jogo propriamente dito, e este deve conter uma proposta que atenda a necessidade de simbolização de um conflito grupal e, ao mesmo tempo, que facilite a realização do projeto do grupo.

Costumo dizer que de qualquer fato pode-se criar jogo. Basta considerar a proposta do grupo (para quê estamos juntos), o clima (como estamos hoje, aqui e agora), o conflito a ser resolvido (o que estará por trás das aparências) e o aquecimento do diretor (como estou para trabalhar com esse grupo hoje, como me sinto).

O aquecimento do diretor é algo fundamental, pois ele traz informações importantes sobre o co-inconsciente e o co-consciente grupal. O diretor está inserido no grupo e o que ele sente é o ponto de partida de qualquer ação que se faça. Da percepção da sua própria subjetividade e da percepção que ele tem do grupo vai sair a proposta do jogo. Além disso, quanto mais jogos o diretor tiver experimentado, maior será sua capacidade de criação.

Didaticamente, divido os jogos dramáticos em três momentos:

Eu comigo — voltar-se para si mesmo: como estou, como sou, o que sinto, o que preciso agora. Toda proposta que lide com aspectos emocionais deve partir da autopercepção para que o indivíduo se centre e se respeite;

Eu com o outro — voltar-se para o outro, para fora de si: como é quem está perto, o que sinto por ele, o que ele causa em mim. É a interação com o outro, a troca que se estabelece;

Eu com todos — é a interação do indivíduo com o grupo e sua integração como elemento participante. Todos realizam alguma atividade juntos.

Esses três momentos devem estar presentes, embora cada jogo dê maior ênfase a algum deles especificamente. Jogos de integração têm a ênfase no terceiro momento (*eu com todos*). Jogos de introspecção destacam o *eu comigo* e jogos de percepção do outro dão mais importância ao *eu com o outro*.

Mas nem todo jogo deve conter, necessariamente, esses três momentos. Isso é apenas uma conceituação didática. Acho importante que o diretor tenha esse esquema em mente para que não se esqueça de aspectos relevantes como uma reintegração após um jogo de introspecção. Isso não quer dizer que não seja útil em determinado momento, que o grupo termine a sessão cada um consigo mesmo e permaneçam assim até a sessão seguinte. Portanto, esse esquema (*eu comigo/eu com o outro/eu com todos*) tem por finalidade destacar aspectos da dinâmica dos grupos que facilitam o trabalho do diretor de psicodrama.

3. Compartilhar

Após a ação conjunta ocorre a integração grupal através da palavra, e no momento de compartilhar a vivência aparecem as dificuldades e o prazer experimentados. Fica então desvelado o conflito que estava em jogo, sendo que este conflito não é algo proposto *a priori*, mas sim, algo cuja eclosão foi estimulada pelo jogo para ser trabalhado. Devemos estar atentos para que os comentários não sejam críticas ou análises do comportamento alheio, mas que estejam centrados no aspecto emocional, ou seja, que cada um conte como sentiu a vivência.

Com adolescentes mais novos, o compartilhar, às vezes, fica resumido e empobrecido, porque falar é mais difícil que jogar. Cabe então, ao diretor, relacionar o que foi vivido no jogo com o que se vive no contexto grupal.

Os adolescentes nem sempre estabelecem a relação entre o jogo e a realidade emocional. Neste sentido, o trabalho em grupo com adolescentes é extremamente enriquecedor, pois escutar algo novo sobre si ou sobre o outro vindo de um companheiro é, às vezes, mais marcante do que escutar de um adulto.

Propostas e exemplos

As propostas aqui contidas foram ordenadas seguindo as fases de desenvolvimento de um grupo, segundo Fonseca Filho. Este autor amplia as cinco fases da matriz de identidade descritas por Moreno e cria um esquema de desenvolvimento humano composto por nove fases que vão desde a indiferenciação total à inversão de papéis.

Fonseca acredita "que as nove fases descritas para os indivíduos podem ser observadas também nos grupos". No entanto, as fases grupais apresentam menos nitidez e se superpõem mais rapidamente do que nos indivíduos.

Com base neste referencial teórico foi organizada a programação de jogos que se segue e que tem sido também utilizada no ensino de Jogos Dramáticos em cursos de Psicodrama, pois é válida para adultos e adolescentes.

1. Jogos para integração

Não há nada mais útil para se trabalhar integração do que jogo dramático. O grupo está indiferenciado e defendido. As pessoas não se conhecem, estão ansiosas, temem pela futura vida grupal. Com o jogo buscamos iniciar a estrutura de coesão grupal. Os primeiros relacionamentos irão se estabelecer. Se o grupo já se conhece, buscam-se novas bases para os velhos relacionamentos, uma nova maneira de estar junto, livre dos estereótipos já vivenciados.

Jogos para integração são aqueles em que as pessoas interagem em conjunto e o grupo funciona como bloco buscando criar uma identidade. Não se divide o grupo em subgrupos. As consignas incentivam a que cada um se mostre um pouco, a fim de que os participantes formem uma idéia geral do seu grupo. Da boa integração depende todo o trabalho posterior. Por isso, devemos cuidar atentamente desta fase.

Os jogos de integração devem obedecer aos três momentos citados anteriormente (*eu comigo*, *eu com o outro* e *eu com todos*), mas a ênfase deve estar no terceiro momento, quando o grupo é um todo, após o indivíduo se perceber e perceber também ao outro, ainda que vagamente.

É aconselhável que os jovens tenham bastante tempo para realizar algo juntos, estarem juntos e poderem sentir-se pertencentes a um grupo, o que resulta na experiência de se estruturar enquanto conjunto. Aqui se inicia a coesão e a identidade grupal e esse momento do jogo é a síntese dos dois momentos anteriores (autopercepção e percepção do outro).

Jogos dramáticos de apresentação também fazem parte dessa primeira fase da dinâmica grupal e são um bom recurso para se iniciar as primeiras sessões de um processo.

Exemplos:

A história dos nomes: sentados em roda, cada participante escolhe um objeto para ser cada palavra do seu nome completo (Maria Rosa da Silva escolhe três objetos: uma pulseira = Maria, uma plantinha = Rosa e uma caneta = Silva). Depois que todos estiverem com seus objetos em frente vão explicar o porquê deles e a história dos nomes. O grupo pode fazer perguntas.

Reapresentação: quando o grupo já se conhece, mas o diretor é novo para o grupo. Cada participante será apresentado pelos colegas do grupo que falarão sobre suas principais características.

O som do grupo: cada um fala três vezes o próprio nome e a forma como quer ser chamado pelo grupo. O grupo repete a cada vez. Todos falam ao mesmo tempo o próprio nome. Todos falam ao mesmo tempo o nome do vizinho da esquerda, depois o nome do vizinho da direita, do segundo colega à esquerda, etc. Presta-se atenção aos sons mais fortes e daí tira-se um nome para o grupo formado pelos sons que chamam mais atenção.

Com sucata, cada um faz a montagem de algo que possa ser uma forma de apresentá-lo ao grupo. A pessoa explica o que fez e o grupo faz perguntas.

A floresta: todos deitados no escuro são libélulas no casulo, apertadas. Começa a clarear, vão saindo do casulo, liberando as asas e experimentando voar. Todos voam, se tocam, experimentam algum perigo juntos (chuva, algum animal), se relacionam e, ao anoitecer, procuram abrigo.

2. Jogos de pesquisa do ambiente

São jogos para o grupo se situar em seu ambiente, no espaço físico que o contém. Esses jogos são usados quando um grupo já parcialmente integrado precisa se apossar de um espaço físico. É muito útil quando, no decorrer de um processo, o grupo de adolescentes se vê obrigado a mudar de sala para continuar a trabalhar.

Os jogos de pesquisa de ambiente podem ser, também, uma forma adequada de se iniciar um grupo de jovens nos jogos dramáticos. Por exemplo:

Exploração sensorial: inicialmente, usando os cinco sentidos, o grupo vai conhecer e explorar o ambiente: cheirando, tocando, ouvindo os barulhos que podem ser produzidos, sentindo as texturas dos materiais presentes na sala, observando as cores, encostando-se e massageando-se nas paredes, etc. Em seguida, a proposta é explorar o espaço com o corpo: expandindo-se e ocupando o maior espaço ou retraindo-se e tentando ocupar o menor espaço da sala com o corpo.

Jogos de pesquisa de ambiente podem servir como aquecimento para integração em que se combinam a exploração dos sons feitos na sala com vocalizações grupais.

3. Jogos de reconhecimento do eu

São jogos onde a proposta é de interação consigo mesmo: jogos de interiorização, de imaginação, relaxamento, de pesquisa interior, de sensibilização. Podem ser usados no trabalho individual com adolescentes e são muito valiosos como autoconhecimento, dado que, por estarem em constante transformação e crescimento, necessitam se reconhecer a cada novo momento.

Levando-se em consideração os três momentos de um jogo dramático (*eu comigo, eu com o outro* e *eu com todos*), a ênfase aqui está no primeiro momento (*eu comigo*). É onde se aprofunda a vivência de interiorização e autopercepção. Os outros momentos são mais rápidos e ocorrem, principalmente, na fase do compartilhar, não no jogo propriamente dito.

Como o jogo visa que o adolescente se conheça melhor e se pesquise, o diretor deve cuidar da etapa do compartilhar, posterior, que é o momento da reintegração do indivíduo no grupo, em que cada um relata como vivenciou essa experiência.

Algumas vezes é preciso uma atividade grupal antes da finalização, para reafirmar a integração e a continência. Ao diretor cabe "ler" essa necessidade e promover a atividade integradora.

Exemplos:

Tapete mágico: deitado, tecer em imaginação um tapete mágico que vai levá-lo a um lugar distante (como em um psicodrama interno). Lá encontra uma pessoa sábia e pergunta algo importante que se quer saber. Trocar de papel internamente, até que a conversa termine. Despedir-se, voltar ao tapete e voltar para a sala. Compartilhar a vivência com o grupo, se desejar.

Jogos de ritmo: deitados, relaxados, prestar atenção na respiração. Forçar o ar para dentro e para fora, ver o que é mais fácil, inspirar ou expirar. Respirar normalmente. Prestar atenção ao ritmo da respiração. Prestar atenção ao ritmo cardíaco e a outros ritmos do corpo: digestão, sono, etc. O corpo tem ciclos e, portanto, ritmos. Expressar o seu ritmo com um movimento e com um som, usando a parte do corpo que estiver mais aquecida: batida, assobio, vogal, palavra, deixar formar uma orquestra de sons do grupo. Movimentar-se no seu ritmo, pesquisar outros e voltar ao seu. Procurar indivíduos com ritmos parecidos e agrupar-se (sociometria). Desenhar seu ritmo com cores. Mostrar ao grupo.

Pesquisa de corpo: são de reconhecimento do eu os jogos onde se pesquisa o corpo: tensões, tamanho, peso, etc. Jogos corporais merecem um capítulo à parte dada sua importância na adolescência. Escrevo sobre eles mais adiante.

4. Jogos utilizando objeto intermediário

"Objeto intermediário" é qualquer objeto que funcione como facilitador do contato entre duas ou mais pessoas. Uma bexiga, uma folha de jornal ou um barbante servem para intermediar a comunicação e são veículos da expressão de afetos.

Neste tipo de jogo o contato com o outro se dá através de um objeto, não diretamente. Via objeto é feita a comunicação e a expressão de emoções.

São jogos aplicados quando o contato direto com o tema suscita emoções que deixam o campo tenso e a espontaneidade bloqueada. O objeto intermediário possibilita um distanciamento que relaxa o campo e com isso há um enriquecimento das distinções e, portanto, das relações[1].

Exemplos:
• utilizando folhas de papel colorido, montar uma imagem de si mesmo, ou de qualquer outro tema;
• com a massa de modelar fazer "eu no mundo" ou "eu e a pessoa com quem tenho dificuldade";
• com uma bexiga, expressar amor, raiva, alegria, etc.;
• com revistas, fazer uma colagem grupal a respeito de um tema sobre o qual é difícil falar: sexo, drogas, aids, etc.;
• papel e caneta: escrever tudo o que vier à mente sobre um tema difícil de ser falado;

- joga-se uma bola para o companheiro de grupo e, ao jogar, diz-se algo que vier à cabeça, sobre um tema previamente combinado. As palavras podem ser anotadas e depois o grupo escreve uma história com elas.

5. Jogos de reconhecimento do outro

São jogos de interação direta com outro participante do grupo, permitindo que as pessoas se percebam melhor e se diferenciem umas das outras. Podem ser iniciados em duplas para depois se formarem trios, quartetos e até incluir o grupo todo. Freqüentemente, são jogos de contato físico. Na interação também se desenvolve o autoconhecimento como conseqüência da troca de experiências.

Inicia-se com o voltar-se para si mesmo e depois segue-se a interação com o outro. A ênfase está na troca e na experiência do contato (*eu com o outro*).

Exemplos

Mercado de trocas: inicialmente se pesquisa o que cada um tem dentro suas características pessoais que está disponível para ser "doado" (algo de que não se precisa mais ou que está sobrando). Então, pesquisa-se algo que falta em si (algo que o indivíduo queira desenvolver, ou mesmo aprender). Escolher uma almofada da sala ou qualquer objeto para representar o que se tem para trocar. Em seguida propor livre negociação. Cada um apresenta o que tem e vão acontecendo negociações. Ao final, se fizeram bons negócios, devem fechar os olhos e comprometer-se consigo mesmos a cuidar bem da nova aquisição, tentando desenvolvê-la dentro de si.

Estátua: esculpir o corpo do outro. Em duplas, um é o escultor e o outro é a estátua. O escultor modela formas que tenham algum significado para ele: emoções, ações, etc.

Espelho: imitar o corpo do outro em duplas. Um é o líder e o outro é o espelho.

Olhar: em duplas, as pessoas se olham por três minutos. Depois conversam sobre o que o rosto do outro transmite.

Espelho em linha: uma linha de indivíduos faz o movimento e a outra linha, que está na frente, imita.

6. Jogos de personagem

Aqui experimenta-se a construção de um personagem e o desempenho de um papel imaginário. Nesse tipo de jogo, mesmo com os integrantes executando uma mesma ação, o grupo já está bem mais diferenciado do que no início e cada um executa a ação ao seu modo, expressando o que lhe é peculiar, pois é esperado que já exista continência para isso.

O personagem criado guarda uma relação metafórica com algum aspecto da dinâmica interna do indivíduo. São jogos muito úteis em psicoterapia pois ajudam o paciente a perceber suas condutas defensivas e a questionar se estas ajudam ou atrapalham sua vida hoje. Jogos de personagem requerem mais conhecimento e prática de Psicodrama por parte do diretor, por isso me estenderei um pouco nos aspectos técnicos.

A partir de consignas que favoreçam a introspecção pedimos às pessoas que localizem em seus corpos alguma emoção relativa a um tema anteriormente escolhido. "A busca de um indicador corporal é fundamental, pois evita racionalizações estéreis"[4]. É importante que a origem do personagem não esteja focada em uma criação mental, mas sim, que venha de sensações corporais, sentimentos, ou ainda, de um fato engraçado, ou algo bizarro acontecido em suas vidas. O exemplo que descrevo mais adiante, do jogo dos sapatos, ilustra a criação do personagem a partir de algo engraçado — um sapato usado.

No aquecimento precisamos estar atentos às nuances que favorecem a criação. Aqui exemplifico como conduzir a preparação do personagem:
- qual a emoção presente no momento?;
- onde se localiza, no corpo, esta emoção?;
- deixar essa emoção crescer, exagerá-la;
- todo o corpo é esta emoção;
- movimente-se como tal emoção;
- deixar vir um personagem que seja a encarnação da tal emoção;
- não escolha o personagem, deixe ele te escolher (esta pode ser uma boa sugestão);
- como é o personagem?;
- como é seu corpo, sua movimentação, suas roupas?;
- tem um som, como é? Repita-o mais alto e mais vezes, experimentando-o;
- deixe este som se transformar em palavras;
- o que há de essencial neste personagem?;
- se ele tivesse um nome, qual seria?;
- apresentem-se uns aos outros.

Exemplos:
Zoológico: andar, andar de joelho, engatinhar, rastejar, caminhar sentado, se arrastando. Cada um escolhe uma dessas formas de movimento e à medida que se mexem, escolhem um bicho que queiram ser hoje. Pesquisam como é o bicho, seu som, sua cor, pe-

so, tamanho. Quando definem o animal, olham em volta e percebem, também, os outros animais. Interagir e procurar o grupo de animais que se queira ficar mais perto. Que características estes animais apresentam para você tê-los escolhido? O que isso tem a ver com sua vida hoje? Nesse jogo é importante proibir a palavra e deixar a comunicação através de sons para estimular a sensorialidade.

Jogo dos sapatos: este jogo é adequado para grupos grandes, com mais de 10 pessoas, podendo ser jogado até com mais de 50 indivíduos. Ao iniciar o aquecimento, pede-se para os adolescentes tirarem os sapatos, mas não se avisa que o jogo será realizado com sapatos. O grupo anda, pula, se solta. A seguir, pede-se que cada um pegue qualquer par de sapatos que encontrar pela sala e o coloque no centro. O diretor mistura todos os sapatos e pede que cada pessoa escolha um par que lhe chame a atenção e fique com ele nas mãos (não pode escolher o próprio par de sapatos). Se duas pessoas estiverem cada uma com um pé, devem negociar para que cada participante fique com um par completo. Pede-se que olhe para o sapato e crie uma história sobre ele, dando-lhe nome e criando um personagem que é o seu dono. Em seguida, procura-se o dono do "....." (nome do sapato). Ao achá-lo, o dono escuta a história que foi criada para seu sapato, calça-o e assume ou não o personagem que foi criado para ele. Se não quiser assumir, cria a partir da história contada um personagem que lhe convenha. Esses personagens interagem.

Ao final o diretor pede que respondam para si mesmos:
- O que a história que eu criei para o sapato tem a ver comigo?
- O que a história que escutei sobre meu sapato tem a ver comigo?
- O que tudo isso me ensina a meu respeito?
- O que tudo isso tem a ver com determinado tema do grupo?
- Sentar em roda e compartilhar a vivência.

Temas típicos de adolescência

1. Jogos com corpo, imagem corporal e sexualidade

Considero que todo trabalho com adolescentes sempre deve ter em vista que estamos diante de um ser em transformação, portanto, emocionalmente instável, que está reconstruindo sua identidade e, inclusive, lidando com uma tarefa muito angustiante: refazer a cada pequeno período de tempo (alguns meses, dependendo do caso) seu esquema corporal.

O corpo, como escreve R. Graña, "é persecutório para o adolescente não só pelo que alberga e introduz na experiência no plano sexual, mas porque sua rápida metamorfose o desinstala, o despoja de sua casa, de sua essencial condição de existência, do seu reduto real último com o qual mantivera até então uma relativa e serena familiaridade... Abre-se, assim, espaço para o surgimento dos temores hipocondríacos, das conversões histéricas, e para o irrepresentável que se expressa nas somatizações".

Temos visto diferentes queixas de adolescentes, do tipo: "gostava mais da minha antiga casa", "fico vermelha quando falam comigo", "odeio insetos", "tenho insegurança", "medo", desembocarem na problemática do novo corpo que se transformou e com o qual o adolescente guarda uma relação de estranheza, às vezes até adentrando a idade adulta.

O não simbolizado, ou não simbolizável, está preso dentro do indivíduo formando o que chamamos "trauma" ou "núcleo psicótico": uma forte vivência emocional a qual o indivíduo não tem acesso pela consciência, que produz forte tensão interna e se define pelos efeitos patogênicos duradouros que provoca na organização psíquica.

A vivência emocional e o trauma precisam ser expressos através de símbolos para poderem ser elaborados pela mente. Não só o símbolo verbal, mas também a criação de uma fantasia, de um personagem do qual se joga o papel vão ajudar o indivíduo a entrar em contato com conteúdos emocionais de difícil acesso (reprimidos).

"Nesse sentido, as técnicas corporais e os jogos usados no psicodrama são um rico arsenal de recursos de que o psicodramatista dispõe. Quanto mais técnicas e jogos o profissional tiver vivenciado, mais apto estará para usá-los profissionalmente com criatividade; mais capacitado estará para criar um jogo que atenda às necessidades de simbolização do drama do grupo ou do indivíduo"[3].

Os jogos dramáticos que trabalham mais diretamente o corpo, o esquema corporal ou a auto-imagem corporal são extremamente valiosos no trabalho com o adolescente, pois permitem que tenhamos uma via de abordagem a um tema de difícil acesso, com o qual eles nem sabem como começar a lidar.

O relaxamento, tão comum como aquecimento de jogos de autopercepção, é uma técnica valiosíssima, que deve ser muito praticada para que o adolescente aprenda a lidar com seu corpo, suas tensões, sua sensorialidade.

Além disso, os jogos que trabalham o corpo são jogos de autopercepção, portanto, de interiorização, e alguns adolescentes necessitam muito desse tipo de atividade quando são voltados em demasia para o grupo de amigos e pouco conhecem de si mesmos.

Exemplos:

Com um fio de lã de novelo, ou com um fio grosso, desenhar no chão o contorno de seu corpo. Avaliar, olhando de fora, e corrigir se necessário. Deitar-se sobre o desenho e, com a ajuda de alguém, avaliar as distorções: o quanto ficou maior ou menor. Em psicoterapia individual ou grupal, podemos trabalhar o significado das partes onde houve maior distorção.

Viagem interior: relaxamento. Sair do corpo e, entrando pela boca, procurar o caminho para cair na corrente sangüínea. Passear pelos diferentes órgãos do corpo por dentro. Conversar com o órgão que esteja precisando dizer algo e sentir o que ele tem a lhe pedir. Escutar e responder para ele. Pesquisar os órgãos desconhecidos. Usar uma lanterna azul "curadora" para alguma necessidade de órgão doente ou estressado. Procurar o caminho de volta, sair do corpo pela boca, espreguiçar. Sentar e desenhar as imagens mais marcantes. Compartilhar com o grupo, se desejar.

O contorno e o conteúdo: em duplas, desenhar em uma folha bem grande o contorno real do corpo do parceiro deitado sobre ela. Em seguida, sozinho, o dono daquele corpo preenche o desenho colorindo-o com representações de como ele se sente por dentro (tensões, dores, relaxamento, armadura, vazio).

Experimentar andar de diferentes formas, postura do pé e do corpo e pesquisar o que isso mobiliza em termos de emoção: inclinação para a frente, para trás, pés para dentro, etc. (usar o que Moreno chama de dispositivo de arranque físico).

Rolar, pular, fazer movimentos exóticos, copiar o movimento do outro, imitar alguém, imitar um animal — explorar o corpo em novas possibilidades.

Mãos que se falam (contar histórias através da mão) em dupla. Trocar de parceiro e sentir a nova mensagem.

Colagem em grupo: numa grande cartolina todos fazem uma única colagem sobre sexualidade com o compromisso de que estejam presentes os aspectos mais complicados.

Lousa pornográfica: escrever numa lousa todos os sinônimos de um determinado termo ligado a sexo. Essa atividade relaxa o campo e aquece-o para um aprofundamento sobre sexualidade.

Fotonovela: com desenhos em quadrinhos fazer a história de um tema de difícil verbalização.

2. Jogos que trabalham projeto de vida futura

São jogos onde se promove uma espécie de planejamento do futuro e uma tomada de consciência do tempo que passa: o que o adolescente precisa fazer para que determinado fato aconteça, em determinado prazo. É a hora de pensar o que se quer da vida, o que se quer ser, o que se quer que aconteça.

É um jogo útil no trabalho de orientação vocacional onde o adolescente se projeta no futuro com um determinado estilo de vida, esclarece suas ambições e permite ampla pesquisa dos valores internalizados.

Exemplos:

A Linha da vida: em uma diagonal da sala (ou em uma folha de papel em branco) marca-se em um extremo o dia de hoje e no outro extremo esse dia daqui há 10 ou 15 anos. No meio dessa diagonal o adolescente vai colocar objetos que marquem fatos que ele imagina que vão acontecer: casamento, filhos, cursinho, faculdade, primeiro emprego, primeiro carro, segundo emprego (como é, onde você está, o que tem na sua sala, como você se veste, que papel é esse na sua mesa, quem que te procura profissionalmente, o que ele quer de você), etc. Nesse jogo costumam aparecer valores e ambições sobre os quais, até então, eles ainda não tinham consciência.

Encontro no futuro: uma reunião dos elementos do grupo daqui há 10 anos (na adolescência, 5 ou 10 anos é uma eternidade, a qual, muitas vezes, eles nem conseguem imaginar). Como se vêem nesse futuro? Como é a vida agora? O que sentem com esta idade? Aconteceu o que se planejava na adolescência?

Quando eu for velho: o adolescente se imagina com bastante idade, olhando para trás, e conversa com o adolescente que foi (pode-se usar a técnica da cadeira vazia para representar o adolescente).

3. Jogos que trabalham a sociometria

As relações grupais devem sempre ser tratadas com muita sensibilidade, pois são campo para feridas profundas numa época da vida em que o indivíduo precisa se fortalecer para lidar com sua identidade em mutação. Apelidos pejorativos, escárnio, zombarias, afastam o adolescente do grupo deixando mágoas e ressentimentos. No entanto, sabemos que a vida não é só colo e que é necessário tocar em assuntos difíceis para que o adolescente cresça e se percebendo melhor, se fortaleça.

Em todo e qualquer trabalho de grupo, os jogos sociométricos são um recurso extremamente valioso para se esclarecer a dinâmica das relações intragrupo e um bom repertório deste tipo de atividade ajuda muito nos momentos de tensão.

Exemplos:

Escrever bilhetes: todos escrevem um bilhete para cada integrante do grupo com alguma mensagem sobre o que aprecia e o que é bom naquela pessoa. Em seguida, um segundo bilhete sobre o que não gosta e gostaria que fosse diferente.

Numa situação de despedida: como no exemplo acima, escrever no bilhete o que aprendeu com o outro, o que leva consigo de bom.

Escrever pelas costas: cada participante tem um papel pregado nas costas e os colegas vão escrevendo o que pensam dele. No final lê-se e comenta-se o próprio papel. Coisas que dificilmente seriam faladas na frente aparecem escritas: agressivo, gostosa, tesão, etc. Esse jogo facilita a dinâmica quando o grupo emperra por motivos sociométricos.

Minhas escolhas: a partir de um critério, por exemplo, contar um segredo, cada pessoa vai organizar em fila seus companheiros de grupo colocando mais próximo de si aquele que é escolhido em primeiro lugar para contar um segredo e, por último da fila, aquele que é escolhido em último lugar. Todos devem organizar suas filas.

4. Jogos para temas angustiantes: violência, drogas, abandono, etc.

É justamente quando a dificuldade cresce que os adolescentes entram em campo tenso e o trabalho fica pouco criativo. Nesse momento, se o diretor de psicodrama achar que a angústia não é produtiva, deve lançar mão de técnicas que permitam um distanciamento terapêutico do tema.

Exemplos:

Jornal vivo: é a dramatização de uma notícia de jornal relativa ao tema em questão. A atividade pode ter um final criado pelo grupo.

ABC, 123: se temos pelo menos seis pessoas, divide-se o grupo em três subgrupos: A, B e C. Cada subgrupo cria uma cena relativa ao tema angustiante. O grupo A apresenta sua cena 1 e mostra-a apenas em forma de estátua (sem voz ou movimento). Aí entra o grupo B no lugar onde estava o grupo A e põe movimento na cena 1. Sai o grupo B, entra o grupo C e põe palavras na cena 1, a partir do que foi criado anteriormente. Em seguida, o mesmo vai acontecer com a cena 2 do grupo B (estátua, movimento, voz) em rodízio dos grupos sucessivamente. Após cada dramatização pode haver comentários. Ao final teremos três abordagens do tema em questão e seus desdobramentos criativos revelando o que o grupo sente e pensa do assunto proposto.

O grupo fala em voz alta, usando uma palavra, o lado bom de determinado assunto difícil (ou simplesmente fala o que vier à cabeça sobre o assunto) como num *brainstorming*. Em seguida, senta-se e o diretor oferece uma grande cartolina e muitos rolos coloridos de papel crepom (ou outro material pouco estruturado), cola, durex e tesoura. O grupo deve produzir algo que reflita o tema.

Últimas palavras

Acredito que a adolescência traz a segunda grande chance para o indivíduo atingir aquilo que almeja ser. A primeira chance transcorre na infância, quando a criança é dependente dos pais. É do ambiente familiar que ela irá extrair os elementos de sua formação. Se faltarem apoio e estímulos importantes ela pouco poderá fazer para mudar a ordem das coisas e será submetida ao clima familiar, seja este bom ou ruim.

Já na adolescência, com a ampliação do mundo social e afetivo e com o desenvolvimento do raciocínio lógico e da capacidade de se projetar no futuro, o jovem percebe que não mais está restrito a um único contexto e pode usar suas novas habilidades para se transformar em alguém mais próximo de seus ideais.

Trabalhar com adolescentes é lidar com alguém que está sempre buscando, sonhando, querendo. Os Jogos Dramáticos funcionam apenas como catalisadores deste movimento existencial subjacente. Nosso trabalho, como terapeutas, pedagogos e orientadores é conduzir essa transformação em busca da plenitude de Ser.

Pergunta da organizadora: Você não gostaria de nos mostrar um exemplo da sua prática de jogos com adolescentes?

Resposta: Este é o relato de uma sessão de terapia de grupo com quatro garotas entre 15 e 17 anos, todas elas "cheinhas" de corpo, não propriamente gordas, e que gostavam exageradamente de comer.

Na segunda-feira seguinte ao dia das mães, o assunto principal era o excesso cometido por todas no almoço e nas tardes livres em casa.

Propus, então, "o jogo da gula": todas em círculo, sentadas no chão, espalhei material e pedi que desenhassem, com capricho, os petiscos considerados irresistíveis. Os desenhos foram:
- coxinhas, empadinhas e pastéis quentinhos;
- uma macarronada fumegante;
- um imenso pudim;
- bolachas, salgadinhos, refrigerantes, pipoca, chocolate, tudo isso num desenho lindo, cheio de embalagens, cores e formas.

Riam e explicavam excitadas, como se estivessem realmente diante do prato. Deixei que falassem bastante. Colei o desenho sobre uma almofada pequena para dar volume à comida.

"Agora cada uma pegue seu prato e coloque-o perto de si. Sinta seu cheiro, sua cor, você começa a experimentar. A comida vai bem devagar entrando na sua boca e descendo para o estômago. Vá comendo mais um pouco. Vá apreciando vagarosamente o sabor."

"Agora seja a comida. O que você, comida, diz para quem está à sua frente? Como você seduz essa garota? Mostre como é."

— Eu sou gostosa... (rindo).
— Estou ao seu dispor.
— Sou quentinho, delicioso.

"Feche o olho e seja sua boca. Fale, boca, como é sentir essa comida?"

— Bom!
— Bom de mastigar, nhoc, nhoc, nhoc.
— Docinho...
— Hum, gostoso.

"Você continua a comer mais e mais."

"Ainda de olhos fechados, deixe de ser boca e passe a ser o seu estômago. Como é, estômago, como está agora?"

— Que quentinho, que gostoso!
— Estou ficando cheio.
— Antes tinha um vazio, agora está esquisito.
— Não sei, depois que se engole, é tudo igual.

"Ela está comendo mais, estômago. Ela continua a comer. É disso que você precisa, estômago, de tanta comida?"

— É, mais ou menos, sei lá, acho que não.
— Estou meio enjoado, não sei.
— Não sei.
— Fiquei cheio demais.

"Será que tanta comida é necessária, estômago? Diga para sua dona, converse com ela." (Neste momento eu assumo o papel da garota e converso com o estômago argumentando a favor do exagero: eu quero, eu gosto, etc.)

— Não, S., não é disso que você precisa.
— Está esquisito, I., assim você vira uma baleia.
— Pára de comer, D., fico enjoado, doendo.
— ... (silêncio)... Está tudo errado. Não coma tanto.

"Ainda de olhos fechados, deixe de ser o estômago, volte a ser você, respire fundo e responda: se essa quantidade de comida pudesse ser algo realmente importante e necessário na sua vida, o que isso seria?"

— Um namorado, eu acho.
— Mais amigas, não sei não.
— (chorando) Não ficar tanto sozinha.
— ... Ter mais sossego em casa, menos brigas.

41

"Vamos abrir os olhos e falar sobre isso." Em roda, uma pertinho da outra, passamos a compartilhar as coisas realmente importantes que estavam faltando em suas vidas. O tema da sessões seguintes foi: "o que falta" e "o que não falta".

Processamento

O grupo em questão vinha falando de corpo e de comida desde algumas semanas e o assunto despertava riso e cumplicidade entre elas por estarem fazendo algo proibido: comer sem limites, ousadamente. Foi importante trabalhar através de jogos dramáticos porque o riso servia como defesa para afastar a angústia do tema, o que impedia uma aproximação terapêutica do conflito: "Comer *versus* Não Comer".

Este é um jogo de *reconhecimento do eu* ante um tema específico: a gula.

As etapas foram:
- Aquecimento inespecífico: a conversa inicial.
- Aquecimento específico: o desenho e sentir a comida.
- Jogo:
  . Eu comigo — conversa com a comida, com a boca, com o estômago e a tomada de consciência do problema;
  . Eu com outro — escutar as respostas das companheiras;
  . Eu com todos — aconteceu durante o aquecimento específico e também no compartilhar.
- Compartilhar — deu-se quando reabriram os olhos e conversaram sobre o que realmente lhes faltava.

Para revelar mais sobre a minha maneira de trabalhar, passo a relatar algumas técnicas que uso habitualmente.

- As intervenções do terapeuta têm de dar dramaticidade à cena. Exemplo: enquanto apresentam a comida desenhada, o terapeuta deve agir como se estivesse diante de um prato real e extremamente apetitoso:
  . "Hum, que cheiro bom!" "Que lindo pudim!"
  . "Que delícia, quem fez?" "Hum, o que vocês acham desta macarronada?"
- Esses comentários serão responsáveis pela manutenção do aquecimento e pelo envolvimento do grupo com o drama individual de cada uma das pacientes.
- Como o jogo é de introspecção, o aquecimento para que cada uma se volte para dentro de si terá que acontecer após uma descarga da excitação causada pelo prato apelativo, porém, proibido. Por

isso, foi deixado que elas brincassem bastante sobre o assunto antes da pesquisa do significado da comida.

- Colar o desenho sobre uma pequena almofada e manuseá-la confere três dimensões à comida e, desta forma, estimula também os iniciadores corporais e não só os emocionais e ideativos.
- Partimos de um fato presente e circunstancial para ir, aos poucos, aprofundando o jogo conforme a regra: "do superficial ao profundo", e nesse sentido o aquecimento favoreceu o aparecimento gradual da espontaneidade.
- Acredito que o momento mais importante e delicado do jogo deu-se quando houve o diálogo entre cada garota e seu estômago.

Neste diálogo, procurei argumentar usando os elementos da dinâmica pessoal de cada uma, conhecidos em sessões anteriores. O objetivo do diálogo era interpolar resistências até que ela pudesse assumir que aquilo é realmente ruim. Desta forma, tornou-se possível o passo seguinte: esclarecido que comer não preenche a verdadeira carência, tentar perceber qual seria a carência e o que se poderia fazer no sentido de cuidar dela.

Referências Bibliográficas

BALLY, G. *El Juego como expresión de liberdad*. 2ª ed. México, Fondo de Cultura Económica, 1964.
BUSTOS, D. M. *Psicoterapia psicodramática*. São Paulo, Brasiliense, 1979.
_____. *Nuevos Rumos em Psicoterapia Psicodramatica*. La Plata, Momento, 1985.
CASTANHO, G. P. O Jogo Dramático na Formação do Psicodramatista. *Revista da FEBRAP*, anais. 7º Congresso, 1990.
CUKIER, R. *Psicodrama Bipessoal: sua técnica, seu terapeuta e seu paciente*. São Paulo, Ágora, 1992.
FONSECA FILHO, J. *Psicodrama da loucura*. São Paulo, Ágora, 1980.
GONÇALVES, C., WOLFF, J. R. & ALMEIDA, W. C. *Lições de Psicodrama*. São Paulo, Ágora, 1988.
GRAÑA, R. *Técnica Psicoterápica na Adolescência*. Porto Alegre, Artes Médicas, 1994.
HUIZINGA, J. *Homo Ludens*. 2ª ed. São Paulo, Perspectiva, 1980.
MARTINEZ, B. C. *Fundamentos para una teoría del psicodrama*. México, Siglo XXI, 1977.
MONTEIRO, R. F. *Jogos dramáticos*. São Paulo, McGraw Hill, 1979.
MORENO, J. L. *Psicoterapia de Grupo e Psicodrama*. São Paulo, Mestre Jou, 1974.
_____. Psicodrama. São Paulo, Cultrix, 1978.
_____. *O teatro da espontaneidade*. São Paulo, Summus, 1984.
MOTTA, J. M. C. *Jogos: repetição ou criação?* São Paulo, Plexus, 1994.

3. Jogo: imaginário autorizado, imaginário exteriorizado

*Luís Falivene Roberto Alves**

Rogério chegou à sessão reclamando de suas férias. Muita chuva, pouca praia. Baralho, bilhar, videogame, nada disso o atraía, muito menos um futebol ou voleibol quando o tempo permitisse. Só lhe restou a televisão e a leitura de jornais. A uma pergunta respondeu: — Não gosto de jogar nada — e, ironicamente: — Só jogo na Loto, na Bolsa. Praia é para tomar sol e paquerar.

Jogos de azar, jogos de risco, jogos de sedução, desejos que realizados o colocariam no pódio da vida. Jogos solitários, mas paquerar é relacional, menos mau.

Jogos solitários, mas há animais que brincam com o seu próprio rabo, crianças com sua própria sombra, e existem pessoas que o fazem com seus próprios sonhos. Imaginar, sonhar, não é jogar; é necessário que haja a exteriorização. Na exterioridade surgirá o obstáculo, a interpolação de resistência, o outro, que poderá ser até mesmo a chuva, o vento, um olhar, a sorte, ou nosso limite corporal, a desafiar e ensejar a ousadia.

O jogo é, pois, um ato de exteriorização. Através dele a curiosidade e a experimentação, a expansividade e a liberação, o buscar, recuar e avançar, o ensaiar e criar se fazem possíveis.

Nem todo jogo é solto, alegre, espontâneo, há aqueles que são tensos, repetitivos, planejados. Os chamados jogos olímpicos e campeonatos similares são precedidos por extensas preparações físicas, concentrações prolongadas, dotadas de táticas das mais elaboradas

---

* Médico, psicodramatista, professor-supervisor, terapeuta de alunos pela FEBRAP no IPPGC-Campinas.

cuja meta é a vitória. O ideal olímpico: "o importante é competir", foi substituído pelo "vencer a qualquer custo". Como chamar de jogo algo tão preso e estratégico? No cenário de um circo, o trapezista prepara-se para o salto acrobático, movimentos exaustivamente ensaiados, tensão em seu mais alto grau. Jogo da morte. Jogo? Sim, jogo, pois o lúdico, o espontâneo, percorrem a platéia que aplaude, vaia, silencia, se assusta, xinga, briga, come pipoca, canta, dança, torce, comemora, chora. No campo, na quadra, no palco ou no trapézio, o espontâneo se faz presente diante da falha do parceiro ou do imprevisível do adversário. O todo do espetáculo constitui o jogo: a possibilidade de exteriorizar o que foi sonhado, de colocar à prova o imaginado.

Assim também acontece com o psicodrama, daí muitos dizerem que toda dramatização se faz através de um jogo; mas nem todo jogo é psicodrama. Júlia M.C. Motta, em seu livro *Jogos: Repetição ou Criação*, nos oferece uma classificação dos diferentes tipos de jogos e especifica: "na dramatização os personagens são criação da subjetividade histórica do ator e, no jogo dramático, os personagens são criação da subjetividade coletiva no ator".

No âmbito da psicoterapia psicodramática há uma clara distinção entre a clássica dramatização e o jogo dramático. Na primeira as cenas iniciais são estruturadas a partir do relato do cliente, procurando a revivência de situações ou emoções; o campo inicial é freqüentemente tenso, devido à abordagem direta do conflito. Nos jogos dramáticos a atividade é proposta pelo diretor, também a partir das queixas do cliente, mas procurando-se oferecer um campo relaxado através de situações o máximo possível distantes da realidade cotidiana ou histórica dos participantes. Ambos, por acontecerem no "como se", possibilitam a intervenção de técnicas psicodramáticas visando a transformação e a criação.

Antes de apresentar dois exemplos de jogos dramáticos utilizados em sessões de psicoterapia psicodramática com adultos, quero introduzir as noções de *autorização externa e interna* que aparecerão no decorrer das descrições.

Como sabemos, a construção da identidade de um indivíduo se faz através de uma rede sociométrica (matriz de identidade) que transmite suas expectativas em relação à possibilidade e caracterização de papéis a serem desenvolvidos. Valores e condições são constantemente preestabelecidos como critério para que cada um possa fazer parte de uma coletividade. Esses condicionantes sociométricos representarão um parâmetro determinante no desenvolvimento e expressão das potencialidades relacionais e criativas. Constitui-se assim a noção de *"autorização externa"*. Cada pessoa exposta a esse poder desenvolverá uma correspondente *"autorização interna"*. Esta se fará de forma *isonômica* (mesmas regras) ou *autonômica* (regras independentes) em relação àquela. Em alguns essa autorização interna se apresentará com características tão frágeis, que a demanda será uma repetida dependência de permissão externa. O equilíbrio entre autorização externa e interna será a base de uma verdadeira autoridade (vista aqui como identidade de autor, criador).

Tiro ao alvo

Início de ano, meses de férias. Certa noite, num grupo de terapia reunido, grupo pequeno.

Flávio, um dos participantes, revela sua decepção com o mundo. Especificamente nesse dia mostrava-se indignado com um colega de estágio que se autopromovia perante o chefe, desprezando a parceria combinada. Frustração, raiva, desilusão.

— Não há mais consideração pelo outro. É cada um por si. E eu, que não gosto de competir, não sei como fazer.

Rose, companheira de grupo muito atenta, convalida o tema:
— Também sou assim, não consigo competir. A vida não deveria ser desta maneira.

Terapeuta olha ao redor. Grupo reduzido, poucas possibilidades de vinculação sociométrica, medo do isolamento. Um duplo do grupo diria: "Melhor nos associarmos aqui. Que o mal esteja lá fora".

Temário exposto, grupo pequeno, tarefa para o diretor. Propõe um jogo: — Imaginemos, estamos de férias em algum lugar sossegado e vamos escolher um jogo de competição para nos distrairmos. — Vamos lá! — novamente incentivando o grupo, que procurava se esquivar.

— Tiro ao alvo — diz Flávio, e após uma breve pausa: — Não é preciso parceiro, sou eu comigo mesmo procurando melhorar a pontaria.

— Jogo de damas — escolhe Rose.

Decidem pelo tiro ao alvo. Em pé, dois contendores, Flávio e Rose. Qual seria o alvo? Escolhem a silhueta de um corpo humano, que é então delineada no carpete que está colado numa das paredes da sala.

O diretor orienta-os para se posicionarem no papel de atiradores e, com a mão simulando um revólver, mirarem e atirarem. Logo em seguida revelariam o local atingido, que seria assinalado na figura desenhada.

O diretor optou por não oferecer nenhum elemento concreto para servir como objeto atirado (bola, almofada), já que isso impediria o "como se" e instituiria o "como é", ficando na dependência das habilidades pessoais dos jogadores.

Flávio atira primeiro — Bem na cabeça, em cima dos olhos.

Rose, em seguida: — Acertei o ombro.

Segunda rodada, Flávio pontua o coração e Rose atira fora.

Terceira rodada, Flávio sorrindo: — Agora vou acertar na cabeça, no mesmo local anterior.

Antes de sua terceira chance Rose estrila, irritada: — Assim não vale, estou sendo honesta e ele não.

Flávio protesta: — Mas não é para imaginar? — olhando para o diretor, que confirma a consigna.

Em Rose, a dúvida, a sensação de incapacidade e uma inibição expressam-se através da face e de movimentos corporais.

O diretor reafirma: — Vamos, Rose, você tem as mesmas armas que o Flávio, use-as.

Ainda com um misto de surpresa e certa indignação, Rose tem dificuldades para assumir a proposição.

Diretor: — Rose, você tem autorização nossa (externa) para competir nas mesmas condições com o Flávio, mas isto não está sendo suficiente. É preciso que essa autorização venha de dentro, que você mesma se permita buscar a vitória e que o faça não porque consentimos, mas porque você pode. Se autorize (autorização interna). Veja se você quer.

A palavra do diretor como que engatilha a arma e Rose dispara: — Bem no coração — e sorri.

Diretor: — Flávio, agora você tem uma competidora, se autorize também a disputar.

Mais uma rodada para cada um, e o diretor introduz uma pequena almofada para ser atirada. A atividade fica mais lúdica, divertem-se, podem competir, acertar, errar. O imaginário coexiste com a realidade, o verdadeiro jogo. Estão no palco as habilidades e sentimentos de cada um: desejos, frustrações, satisfações, alegrias, tristezas, poder ganhar, poder perder. A vida em sua amplitude emocional.

Compartilhamento, comentários, encerra-se a sessão.

Aquela noite, em casa, Rose não consegue dormir. Logo pela manhã telefona ao terapeuta para contar que está muito bem, pensou bastante, uma avalanche de recordações, entendeu muitas situações, está exausta, mas muito leve.

Rose, assim como Flávio, tinham sido aqueles que se costuma chamar de filhos bonzinhos. Comportados, caseiros, colaboradores, responsáveis. Fizeram disso seus próprios valores, seria o trunfo para serem amados e bem-sucedidos. O desejado seria conseguido por reconhecimento. O mundo, porém, não os reconhecera, pelo contrário, convidara-os para uma disputa. Recusaram, frustraram-se; a vida não desempenhara sua parte no texto por eles escrito. Foram traídos, mas mesmo assim não poderiam deixar os valores pelos quais pautaram suas vidas. Para Flávio restava o contínuo aperfeiçoar-se, competir consigo mesmo, melhorar suas marcas, atingir sua meta ideal. Para Rose, nem isso; como competir, se não havia permissão para tal? Disputar seria perder o outro, melhor entregar logo o jogo. Rose escolhera "jogar damas" — o vencedor é aquele que come a última pedra de seu competidor. Jogar damas, comer ou ser comida pelo parceiro, um dentro do outro, seria a sua única possibilidade relacional. Em seus isolamentos sociométricos Rose e Flávio passaram a ter no esconderijo das fantasias o "locus" de grande parte de suas existências.

Na sessão descrita, ao propor o jogo dramático, o diretor explicita a autorização externa para a competição, e para o uso e exteriorização da imaginação. Flávio aceita no que se refere ao imaginário mas, por não ter autorização interna para enfrentar um outro, continua a disputar consigo mesmo (melhorar sua marca). Rose recebe a palavra do diretor como permissão para a contenda, mas não tem autorização interna para ser vencedora, só através da derrota evitará a grande perda. Nesse paradoxo manterá a presença do parceiro. Perder para ter. A percepção de que Flávio desafiava a si mesmo e o medo de Rose em ficar isolada, fora de jogo, fez com que ela protestasse. Ela interrompe a cena: "Assim não vale", palavra denunciadora da farsa que ali se desenvolve. "Mas não é para imaginar?" — retruca o companheiro. Palavras dramáticas proferidas por Rose e Flávio, palavras transformadoras a buscar um novo código sociométrico. Uma simples submissão à ordem emanada do diretor poderia resultar em um espetáculo realizado por bons atores e agradar terapeuta e platéia sendo, portanto, indispensável que se vá confrontando a autorização externa e mobilizando a presença da autorização interna. Só assim Rose e Flávio, através da personagem protagônica, poderão alcançar a verdadeira transformação.

A menina que podia tudo

Céu encoberto. Fevereiro chuvoso. Por onde anda o sol? Férias, sessão de terapia logo cedo, primeiro horário.

Alice entra na sala, senta-se e, meio preguiçosamente:

— Sou eu que devo falar, não é? — Breve silêncio, e continua:
— Não sei o que dizer. Alguma sugestão?
Mais silêncio.
Terapeuta: — Façamos de conta que você é uma criança, daquelas que em alguns dias acorda sem saber o que fazer ou do que brincar. Assuma essa personagem e vá me contando o que for acontecendo com ela.
Começa o relato.

"Era um dia cinzento, como qualquer outro. Isso quer dizer, parecia cinzento.
A menina estava em casa, sozinha. Sem irmãos, sem amigas. Só a mãe. A mãe, é claro que estava trabalhando: cozinhando, costurando e cantando (ou assobiando). Eram hinos de igreja que ela cantava o tempo todo.
Maria chega-se a ela e pergunta, ansiosa:
— E agora, que é que eu faço?
— Vá brincar, minha filha!
— Não tenho ninguém pra brincar...
— Você já montou o Lego novo?
— Ainda não.
— Então, monte! Quero ver você fazendo coisas bem bonitas, tá? Quando estiver pronto, me chame! Você consegue fazer igualzinho ao da caixa! É tão habilidosa!
Ela foi. Jogou todas as pecinhas ao chão, colocou a caixa de pé, encostada à parede, para ir copiando. Direitinho. Era uma casinha, com homenzinhos, arvorezinhas, carrinhos, portinha, luzinha, e tudo mais. Tudo inho. Lindinho. Montou metade, talvez um terço. Era fácil.
Cansou. Quis jogar tudo, deixar desarrumado no chão... Impossível, claro. Guardou dentro da caixa.
— Não quero, mamãe. É muito chato!
— Puxa, filhinha, você faz coisas tão bonitas com o Lego! Que pena!
— E então, mãe, que é que eu faço agora?
— Não sei, meu bem... — A mãe, ocupada na organização da cozinha, continua: — E a Barbie nova? Você não quer brincar com ela? Vá para o seu quarto! Você já se esqueceu das roupinhas novas que fizemos para ela? E também para o Bob, não é, Maria?
A menina foi. Era verdade, pensou, a boneca tinha muitas roupinhas novas. Bonitinhas. Vestiu-a, montou a cama da Barbie, a piscina da Barbie, o salão de beleza da Barbie... Tudo pronto, Bob veio visitá-la, com o novo calção de tênis, saíram. Pronto, acabou! Ia ler

ou assistir à televisão. Pegou um livro de Monteiro Lobato, já o havia lido três vezes, era legal! Quatro, cinco páginas. Desceu, foi assistir à televisão: programa da Xuxa, desenho, desenho, desenho. Foi até a cozinha pegar alguma coisa para comer: bolacha de chocolate.
— Maria, o almoço está quase pronto! Bife à milanesa, como você gosta! Deixe a bolacha para comer na hora do lanche, à tarde; tá certo, querida?
Tudo bem. Sem qualquer hesitação ou reclamação, voltou ao programa da Xuxa. Mais cinco minutos sentadinha, esgueirou-se suavemente, foi até o quintal, pegou a Calói Cecizinha e saiu. Não avisou ninguém. Já ia voltar.
A rua era asfaltada, começou a tomar velocidade. O sol, esquentando.
Um ou outro carro passava por ela à direita. Cuidadosa, porém, mais veloz. Os pinheiros da calçada faziam uma sombra gostosa, ela pedalava, deixava a bicicleta correr, quase sozinha... A rua acabou. Era um terreno baldio e ela continuava. Havia uma trilha, um pouco de lixo acumulado. Que cheiro! Vai em frente. Já está longe de casa.
Nossa, por aqui nunca vim brincar. É bem mais bonito, quantas árvores! A trilha continua. Cada buraco! É só desviar. Uma subida, um morrinho, longe de casa. Uma parada, é bom para descansar um pouco. Do alto, dá para enxergar as casas lá embaixo: acho que aquela é a minha. É sim, o carro do papai na porta. Nossa, ele já chegou!
Toma a bicicleta e continua. A mata é mais fechada, às vezes; por entre as copas das árvores, vê-se o céu. Lindo, azul! Livre!
Pára, senta, tira o tênis, amarra-o no guidão da bicicleta. — Tomara que não me atrapalhe! — Respira fundo, cheirinho de mato, bom.
Continua. Altos e baixos, mais buracos, desvios, quase tombos, um tombo de verdade (tombinho...). Bate as mãos no joelho, tira o excesso de terra. Só arranhou, dói um pouco, mas já passa ("Antes de casar, sara.").
A velocidade agora é tanta, os buracos, as valetas da estradinha ainda são muitas, sua bicicleta tem de ser Cross. Claro, ela está treinando em sua Bicicross! E percebe, de repente, que é um menino.

Diretor intercede: — Ah! Você é um menino? Qual o seu nome?
Sem qualquer estranheza, responde: — João.

— Com que delícia sente o vento bater em seu rosto, despentear seu cabelo. Pedala contra o vento, a velocidade sempre alta. Bom, muito bom, mesmo.

Numa clareira da mata, cruzamento, encontra Maria, sua amiga. Também de bicicleta: Calói Ceci. — Uma companhia, até que era bom. Mas será que ela não ia atrapalhar?
— Oi, Maria! Vamos comigo! Conheço um lugar lindo pra te levar! Venha, você vai gostar.

O diretor, nesse momento, assume o contrapapel e faz a personagem, a amiga Maria.

— João, é por essa estradinha aí?
— É.
— Então, não vou. Tem muito buraco, vou cair, me machucar.
— Cai nada. Eu vim lá de casa por ela e olhe bem: estou inteiro!
— E seu joelho?
— Ah, foi só um arranhãozinho. Nem doeu. Juro!
— Uhnn...
— Venha, Maria! É um lugar onde tem um riozinho, de água bem limpinha. A gente vê os peixinhos lá no fundo. Superbonito! E depois, a gente ainda toma banho de cachoeira! Tem uma cachoeirona!!! Você precisa ver!
— Ah, não vou mesmo. É perigoso, lugar assim, a gente escorrega, se machuca.
— Tá bom. Vou sozinho.
— Tá.
— Puxa, mas eu queria tanto mostrar pra você... Você ia A-MAR! Venha!
— Você me ajuda?
— Claro!
Maria montou na bicicleta e acompanhou João. Ele lá na frente e ela, cuidadosamente, a cinqüenta, quase cem metros dele. Ele olha para trás:
— Maria, assim não dá! Sua bicicleta agüenta! Corra mais!
— Tenho medo, não consigo.
— Consegue sim. Faça como eu. Olhe aqui! — larga as mãos do guidão, exibindo-se. Quase cai. — Não, você não precisa fazer isso. É só pedalar mais forte, escolher o caminho, ter confiança, Maria! Isso! Venha, você está conseguindo! Venha do meu lado, assim a gente vai conversando.
— Então você não corre tanto?
— Tá bem.
Agora é um passeio. Um pouco de mãos dadas, continuam. O calor é forte. O silêncio da mata — tão perto ou tão longe de casa? —, os passarinhos cantando, o murmúrio das águas. O riozinho está perto.

Apeiam, largam a bicicleta no chão. Lado a lado vão caminhando, chutando pedrinhas, começam a correr até a margem do ribeirão. A água clarinha, fresca, passa por entre as pedras. No fundo, areia e peixinhos. Lavam o rosto, as mãos, os pés, entram vagarosamente na água rasinha. — Gelado. Bom.
— E a cachoeira? Você mentiu: não estou vendo nenhuma.
— Você quer ver? É só continuar andando do lado do rio. Vamos!
O rio se alarga, forma como que um tanque, onde cai uma cascata bonita: 'Véu da Noiva'.
— Que lindo! — faz uma pausa. — Mas é pequena... — reclama.
— Você gostou?
— Gostei.
— Quer nadar ali embaixo? É como uma piscina. Se você ficar debaixo da cachoeira, toma uma ducha.
— Que delícia!
As horas passam. Nadam, correm, brincam, conversam. Dormem.
Ao acordar, Maria percebe que João fez uma fogueirinha. — Onde arranjou os fósforos? — O fogo começa a ficar alto, João coloca folhas secas, gravetos, a menina se assusta. Ele, para acalmá-la, joga areia e apaga o fogo.
— Viu? Pra que tanto susto? Que bobeira!
— Vamos embora? Tá ficando escuro. Tô com medo!
— Eu estou aqui e vou te proteger.
— Mamãe está preocupada comigo. E sua mãe também deve estar. Vamos!
— Não vou. Hoje vou dormir aqui. Não volto para casa. Amanhã, quem sabe?
— E comer? Você não está com fome?
— Só um pouquinho. Mas vou pescar.
— Como?
— Eu me arranjo.
— Eu vou embora.
— Pode ir.
— Sozinha? Você não me leva?
— É só seguir a trilha.
— Tenho medo.
— Deixe de ser boba. Você é muito tonta.
— Mas bem que você queria minha companhia, não é?
— Ahn...
— Não é? Confesse!
— Tá bem, queria. Mas agora, se você quer ir embora, o problema é seu. Eu não vou.

— Amanhã, você volta?
— Ué, pra quê? Você não fica tão bem sozinho?
— Fico.
— Então!
— É que... — pensando numa boa desculpa — ...eu queria comer bolacha de chocolate. Daquela recheada, você sabe.
— Sei.
— Então, é isso: você volta e me traz um pacote!

— Vou contar pra sua mãe.
— O quê?
— Que você está aqui, que não vai voltar pra casa, que você não jantou...
— Pra quê?
— Ora, ela deve estar preocupada!
— É, sim.
— Você quer que eu não conte?
— Você que sabe... Mas hoje não volto mesmo!
— Amanhã?
— Não sei.
— Vamos, venha comigo. Amanhã a gente volta.
— Maria, não adianta. Não volto mesmo. Você pode ir. Tome cuidado! Pode até avisar mamãe, você é que sabe... Amanhã eu volto. Você vem me buscar?
— Tá."

O diretor, agora em seu próprio papel: — Bem, chegou o dia de voltar para casa. Como sua mãe irá recebê-lo? Você saiu como Maria, volta como João?
— Seria bom que ela me visse como menino.
Diretor: — Será bom que você mostre a ela que uma menina também faz coisas de menino (autorização externa). Perceba como você foi capaz de realizar uma série de coisas que deseja, e que essa possibilidade não é prerrogativa masculina. Se você se permitir, você pode (autorização interna).

Terminado o jogo dramático seguem-se alguns comentários, e o terapeuta propõe que Alice escreva, em casa, um relato daquela vivência (parte do qual foi transcrito aqui).

Alice fora criada segundo padrões tradicionalmente "aristocráticos". Um repertório de papéis condizentes que não significaram expectativas difíceis de atender. Qualquer um reconheceria nela a menina, e depois a mulher, educada, comportada, prendada. Boa filha, boa esposa, boa mãe, boa amiga. Fizera tudo como mandava o figurino, mas a vida ainda lhe devia felicidade. Injustiça? Ou ela havia falhado em algo? Aperfeiçoar-se mais? Ela cansara de ser muito isso. O sair, a velocidade, o distanciar-se, poder machucar-se, enfrentar o desconhecido, o experimentar, a ousadia e a aventura, ficaram reservados a papéis imaginários. Eram prerrogativas concedidas a outros, não a ela.

Férias. O que fazer quando não se precisa executar aquele cotidiano de uma mulher? O que resta? Foi assim que Alice chegou naquela manhã para a sua sessão. "Não sei o que dizer." Na proposição do jogo dá-se a possibilidade de Alice ser Maria e aventurar. Interessante observar que à medida que a personagem vai se afastando de casa, correndo riscos, adquirindo velocidade, ela se transforma em um menino, denotando a dicotomia existente entre aquilo que é apropriado ao homem ou à mulher. Mas ao se denominar João não abandona o seu feminino e trata logo de trazê-lo de volta, através da presença de uma amiga com o mesmo nome da personagem inicial: Maria. Nesse momento, o diretor, ao assumir o papel da amiga, garante (autorização externa) a permanência de Alice no papel de João.

Como masculino, João incentiva o feminino, Maria, a correr mais, arriscar, vencer o medo, tudo, enfim, para estimular e abonar a transformação daquele papel. Ao mesmo tempo, em Alice, isso vai ter o significado de uma autorização interna.

Última cena, e João pede que Maria venha buscá-lo para retornarem para casa juntos, menino e menina. É a busca da unicidade, da integração da identidade até então parcializada.

No final o diretor, ao solicitar que Alice, em casa, registre por escrito aquele acontecimento, está convalidando o jogo dramático como um ato de significativa importância terapêutica (autorização externa).

Alice não só escreve, como, com grande satisfação, mostra o texto a seus filhos, marido, amigos, numa demonstração de exteriorização da sua verdade (autorização interna).

Nos jogos descritos, dois personagens surgem abruptamente no cenário. Surpreendentes, questionadores, transformadores: em um caso "a Rose que protesta, aponta a farsa e o impedimento", no outro "Maria que se faz João". São os protagonistas, a revelar o desejado e o não-permitido, a modificar e a conduzir o fio da nova história.

Assim são os jogos dramáticos: simples, lúdicos, intensos, profundos. Jogo: imaginário autorizado, imaginário exteriorizado.

Pergunta da Organizadora: Qual a diferença entre protagonista de um jogo dramático ou de uma clássica dramatização?

Resposta: Tenho definido *protagonista* como sendo elemento do contexto dramático que surge através de uma personagem no desempenho de um papel. Ao assim conceituá-lo, quero exatamente desvinculá-lo da figura do indivíduo participante do contexto grupal, cuja queixa ou temática tenha justificado a proposta da dramatização.

Quando convidamos um ou mais elementos de um grupo ou o cliente de uma sessão individual a entrarem no palco psicodramático, na verdade, estamos convocando autores, que também serão atores da trama que ali se desenvolverá. Nesse processo várias personagens serão criadas e dentre estas uma se destacará por questionar a ação e a emoção, por mobilizar o drama demandando uma transformação. A essa personagem que se faz principal se enunciará protagonista.

No primeiro jogo exemplificado: "Tiro ao Alvo", tínhamos em Flávio a manifestação queixosa mais forte no contexto grupal. Nomeá-lo já protagonista seria um erro, pois foi a personagem Rose, no papel de atiradora, que durante o desenvolvimento do jogo se mostrou interrogante, protestando e provocando o parceiro, modificando o fluxo dramático e possibilitando a disputa. Rose sim, foi a real protagonista.

No segundo jogo: "A menina que podia tudo", a cliente Alice cria no contexto dramático a personagem Maria que, distanciando-se do conhecido, transformando-se em menino (João), revela-se protagonista ao desafiar os padrões esperados e propiciando a reelaboração do papel feminino.

Portanto, se protagonista é elemento do contexto dramático que surge através de uma personagem no desempenho de um papel, representante das relações estabelecidas entre os membros de um grupo, se é ele o decifrador, o combatente do drama comum, o responsável pelo fio condutor da ação, não há nenhuma razão para vermos diferenças entre essa figura principal em uma sessão de psicodrama clássico, em um teatro espontâneo ou em um jogo dramático.

Referências Bibliográficas

FALIVENE ALVES, L. O Protagonista: Conceito e Articulações na Teoria e na Prática. *Revista Brasileira de Psicodrama*, vol. 2, fasc. 1, p. 39-55, 1994.
MONTEIRO, R. F. *Jogos Dramáticos*. 1ª ed. São Paulo, McGraw-Hill do Brasil, 1979.
MOTTA, J. M. C. *Jogos: Repetição ou Criação*. 1ª ed. São Paulo, Plexus, 1994, p. 77-99.
NAFFAH NETO, A. *Psicodrama: Descolonizando o Imaginário*. 1ª ed. São Paulo, Brasiliense, 1979.
PERAZZO, S. *Ainda e Sempre Psicodrama*. 1ª ed. São Paulo, Ágora, 1994.

4. O jogo no psicodrama triádico

Dirce Ferreira da Cunha*

"É no brincar, e somente no brincar, que o indivíduo, criança ou adulto, pode ser criativo e utilizar sua personalidade integral: e é somente sendo criativo que o indivíduo descobre o eu."

(Winnicott, 1975)[1]

Psicodrama triádico

Parece importante começarmos situando o Psicodrama Triádico. Foi Moreno quem nomeou de "triádico", no Congresso Internacional de Psicoterapia de Grupo em Milão, em 1963, o Psicodrama tal como era praticado no Hospital Santa Elizabeth, em Washington, por James Enneis, ou por Robert Haas da Universidade da Califórnia e por Anne-Ancelin Schützenberger e Pierre Weil em Paris.

Trata-se da síntese ou da integração da psicoterapia analítica de grupo com o psicodrama e com a dinâmica dos grupos, e sua sociometria. Síntese de três abordagens: grupo-análise mais psicodrama, mais dinâmica de grupo, onde o Psicodrama emerge no seio da psicoterapia de grupo ou do grupo de sensibilização às relações humanas (T-Group).

Quando falamos de "triádico", estamos no esquema referencial da família de três pessoas, onde o terceiro elemento deixa situar os outros dois, ou onde cada pessoa é, ao mesmo tempo, ela e o ponto de indicação das outras duas, conforme indica Anne-Ancelin Schützenberger. "Não posso ser o pai, se o outro não é o filho", e "Nós não podemos ser pai e filho, se a outra não é a mãe", e "Não posso ser a mãe, sem que você seja o pai e sem que eu testemunhe isso no meu modo de falar e agir para com seu/nosso filho". Por esse terceiro elemento, vemos aparecer o nome do pai no discurso da mãe,

---

* Psicóloga, psicodramatista, professora-supervisora, terapeuta de alunos pela FEBRAP na Sociedade de Psicodrama do Rio de Janeiro.

e o nome da mãe no discurso do pai. Há reconhecimento em pé de igualdade das diversas óticas.[2]

Encaramos as três abordagens como uma coexistência, não como uma luta de influências, operando nas interações e vivências do grupo, tanto através da dinâmica grupal, como através do referencial do grupo analítico ou seguindo para a dramatização.

Consiste em fazer uma escolha operacional "aqui-e-agora", do melhor instrumento (ou referencial) para compreender, decodificar e interpretar em profundidade o dito e não-dito que está acontecendo no grupo. Utilizando o nosso radar, a nossa transferência, os nossos sentimentos e emoções, como, se estamos com sensação de tédio, nos perguntamos: será que o grupo está entediado?... O que o grupo está sentindo, e o que está desejando?... Ou, o que está sinalizando?... No psicodrama triádico, sempre levamos em consideração a dinâmica do grupo, sua sociometria e, ao mesmo tempo, que existe a transferência como também o reconhecimento da reciprocidade da transferência (do terapeuta). Isto é, o fato transferencial como constante na relação.

É no psicodrama triádico, ou centrado no grupo, que o psicodrama geralmente permite uma abertura, ou um prolongamento da psicoterapia de grupo ou do grupo de sensibilização.

Percebo que meu percurso também aponta para uma síntese. Primeiro foi a formação em psicodrama, depois veio a formação do psicanalista. A procura incessante permanece, porém, apenas no momento, a síntese teórico-prática à qual dou crédito no desempenho de meu trabalho com grupos é o psicodrama triádico.

O brincar, o jogar

A atividade lúdica, o brincar, o jogar constituem para a criança o mesmo que o trabalho para o adulto. É o produzir, o criar de acordo com seus conteúdos internos.

E para o adulto?... É na brincadeira, no jogo, na atividade menos conflitiva que o homem evidencia também sua liberdade de criação, e talvez toda a experiência cultural de humano, seja derivada da brincadeira, como defende D.W.Winnicott.[1]

Acreditamos que a brincadeira nos dá indicações para o procedimento terapêutico quando propicia oportunidades para as experiências corporais e para os impulsos criativos, motores e sensoriais que constituem a matéria-prima do brincar, do jogar. Conforme defende Winnicott, experimentamos a vida numa área intermediária entre a realidade interna do indivíduo e a realidade compartilhada de mundo externo aos indivíduos.

Assim, o jogo como ação do grupo, e ação dramática, ou seja, expressão do drama interno de cada um, seria o brincar do terapeuta, com os membros do grupo, num ambiente propício?... Lugar onde o indivíduo pode manipular fenômenos externos a serviço do sonho, podendo vestir fenômenos externos, escolhidos, com significado e sentimento onírico.

A ocorrência do jogo dramático

No grupo triádico, a parte do psicodrama, ação ou produção, é a mesma que no psicodrama clássico moreniano, utilizando-se todas as etapas e todas as técnicas psicodramáticas de encenação, mas não se dramatiza forçosamente em cada sessão. A ação psicodramática é antes uma extensão das interações e vivências do grupo, que pode ser um grupo analítico ou um T-Group. No seio das vivências grupais surge o protagonista. Assim também ocorre com o jogo dramático.

O grupo é muito trabalhado. Ao iniciarmos uma sessão, por exemplo, pretendemos colher qualquer forma de comunicação: verbal ou não-verbal. Tentamos perceber o que acontece, excluindo os interesses periféricos e superficiais do grupo, e nos concentramos no fato essencial. O psicodramatista, freqüentemente, percorre com o olhar todos os membros do grupo, excitando-os à cumplicidade de troca de olhares, mas dando atenção e apoio a todos. Cada um deve poder ver e ser visto por todos os outros, a fim de facilitar a interação, donde a preferência por sentar em almofadas, no chão e em círculo.

A fecundidade da ação psicodramática está ligada ao fato de ela "prender" emocionalmente o grupo como um todo. Todos são participantes, o que vivenciou seu problema, e aqueles que efetivamente associaram-se com ele, revivendo nesta oportunidade fatos, pessoas, situações essenciais em suas vidas.

Por conseguinte, é importantíssimo avaliarmos a situação do grupo antes de passarmos à dramatização, à ação, ao jogo, não pularmos prematuramente para a dramatização, nem dramatizarmos por dramatizar. Os problemas levantados pela interação podem ser de tal ordem que é preferível resolvê-los antes da ação, tais como: tensões subjacentes entre os membros do grupo, ou com o psicoterapeuta; percepção de "fragilidades" ou núcleos que o grupo teme perturbar, etc. Assim, pode haver sessões sem ação dramática, centradas na compreensão e na psicoterapia das relações do grupo, em outras palavras, na sociometria do grupo, na dinâmica do grupo ou no trabalho dos fenômenos da resistência e da transferência, inclusive as transferências laterais.

O psicodramatista deve perceber entre as várias mensagens significativas, "o significante do grupo" em cada momento, as correntes afetivas que se fusionam e se articulam nos papéis e que denunciam o discurso latente. Não podemos nos esquecer que as relações se estabelecem entre os membros de um grupo, das imagens que são projetadas ou das identificações que surgem, não importando em que momento se esteja, ou da psicoterapia de grupo, ou do jogo, ou do psicodrama propriamente dito, valendo sempre a intensidade do vivido.

Então, o jogo dramático para nós está na continuação da vivência do grupo, e pode ser o instrumento para o aquecimento de um psicodrama ou sociodrama, para o prosseguimento da dinâmica grupal ou para dar seguimento ao grupo analítico. Ele permitirá o brincar, que transforma a realidade mediante a assimilação às necessidades do eu, o brincar que implica o corpo, o brincar onde é importante o respeito à criatividade e que envolve o indivíduo numa ação espontânea. Winnicott chamou o brincar de experiência, e uma experiência satisfatória de brincar. Ambas envolvem uma "apercepção criativa" que, ao lado do desenvolvimento cognitivo, permite ao indivíduo alcançar a independência para engajar-se num intercâmbio significativo com o grupo, com as coisas da vida, com o mundo a partir do imaginário da vivência grupal.[3]

Queremos com o jogo dramático uma aproximação com o nãodito, um clima de permissividade, a entrada no outro drama pela porta do brincar, do jogo livre. Chegar ao ser liberado das conservas culturais, o ser livre no viver, o conflito inconsciente.

Um passeio... Um encontro na floresta

Para exemplificar, utilizaremos um dos jogos dramáticos que consideramos mais ricos: "Um passeio... Um encontro na floresta", aplicado num grupo em processo psicoterápico, dentro da abordagem do psicodrama triádico.

A presente sessão ocorreu num período crítico do grupo, com o surgimento do fenômeno da resistência evidenciado por excessiva intelectualização, ênfase aos relatos da realidade exterior, rechaço sistemático da atividade interpretativa quando dirigida aos conflitos inconscientes, como também a recusa à dramatização. Além de atrasos e faltas reiteradas.

A sessão tem início, comprovando mais uma vez as situações acima apontadas. Dadas as dificuldades de todos, resolvemos propor o seguinte:

Terapeuta: É entardecer... Vamos fazer um passeio?... Vamos até uma floresta?...
Sintamos o caminho, o ar, as árvores que nos cercam, os animais silvestres... Chegamos a uma clareira, onde existe um pequeno lago. Vamos descansar, relaxar e sonhar... Adormecemos e sonhamos...
Terapeuta: Cada um sonha em transformar-se lentamente, em um animal escolhido. Os pés, as pernas, o tronco, os braços, tudo se transforma. Ainda, a cabeça, a pele e, por fim, surge a voz do animal.
Neste momento, percebo o grupo um pouco parado. Apenas uma das moças, Lúcia*, começa a se movimentar.
Terapeuta: Vamos passear um pouco... vamos nos encontrar...
Lúcia: (Com movimentos de felino, aproxima-se de outra participante, Valéria).
Valéria: (Vinha ao encontro de Lúcia, urrando baixinho).
(Com a ferocidade de Lúcia, esta volta, imediatamente, andando de quatro e defendendo-se dos ataques da outra.)
Lúcia: (Continua tentando atacar Valéria, e cada vez com mais agressividade).
Roberto: (Começa a se mexer, sem sair do lugar, sem entrar em interação com ninguém. Retorce-se todo, estica-se, faz movimentos de "forte", mas sempre sem se comunicar.
Dina: (Executa movimentos com os quatro membros, como se arrumasse seu "hábitat").
Elza: (Imita um pássaro passando por cima dos outros).
Berta: (Também voa, mas procurando alcançar Elza).
Após algum tempo de vivência da cena, nova proposta.
Terapeuta: Parece que vimos e vivemos muitas coisas... Vamos voltar às margens do lago e descansar, dormir um pouco e regressar lentamente à condição de seres humanos...
Terapeuta: O que se passou aqui?...
O grupo inicia falando dos animais adotados: Lúcia era uma onça, Valéria um filhote de leão que foi buscar carinho em Lúcia, mas fugiu com o ataque. Ao mesmo tempo, tentou se defender. Roberto era um urso marrom, imenso, isolado, na sua... Dina era uma aranha tecendo sua teia, Elza um pássaro que vai ser perseguido pelo gavião de Berta.

Comentários

No compartilhar começam as interações. Lúcia está num momento de descontrole e teme a regressão (de perder o controle das

---

*Todos os nomes são fictícios.

defesas neuróticas, neuróticas obsessivas e chegar a um descontrole psicótico). Como chega a conscientizar quando insiste em agredir, de fato, Valéria. Esta, no seu filhote de leão, busca brincar com os companheiros para agradar a mamãe terapeuta (é a que procura mais interação no grupo). Roberto isola-se, temendo o surgimento do novo na relação com as mulheres. Dina com sua teia, tenta enredar a todos, em face de sua identificação com a mãe devoradora. Elza, o pássaro que foge, para evitar entrar de fato no tratamento. Berta com sua postura narcísica não percebe suas dificuldades frente aos relacionamentos, como também, por sua feminilidade não assumida, persegue a que mais exibe a feminilidade no grupo, Elza.

Este material continua a ser trabalhado nas sessões seguintes.

O jogo dramático permitiu a aproximação de conflitos mobilizados em cada um, e até conscientizados. Isso porque o fato de poder jogar, poder atuar no "como se", torna-se um campo mais relaxado, favorecendo a melhor apreensão da situação de resistência.

A resistência existe

Poderíamos dizer que o jogo dramático em psicodrama triádico tem por finalidade precípua vencer a resistência. Esta, como o conjunto de forças contrárias à tomada de consciência dos conflitos, e favoráveis à manutenção da doença. A resistência é constante durante todo o processo e evidencia-se pelo silêncio, pela manutenção de segredos, pela excessiva intelectualização, pelo acordo inconsciente em não abordar conteúdos como sexo ou morte, pela falta de emoção durante a expressão verbal, pelo falar de conteúdos externos, pelo interpretar os companheiros, pelas faltas às sessões, pelas complicações com o pagamento ou por esperar o fim da sessão para trazer as situações mais angustiantes. E não podemos esquecer a resistência do indivíduo ou do grupo todo em participar de uma cena ou dramatização. Justamente, uma de nossas preocupações, no grupo triádico, é não iniciar a sessão de grupo com o psicodrama antes da escuta do grupo, para perceber a resistência e a transferência.

Consideramos que os jogos dramáticos são técnicas de aquecimento, cuja utilização é essencial para criar um clima favorável à diluição da ansiedade que se encontra na base das resistências. Aquecimento como abertura primordial ao ser, como núcleo da própria espontaneidade, para a vivência do conflito na dramatização propriamente dita. Assim como, também, no psicodrama triádico, há uma abertura ao trabalho da dinâmica grupal ou ao trabalho do grupo analítico.

Cumpre ainda lembrar que o terapeuta deve procurar refletir sobre qual é sua participação no processo resistencial, e isto nos remete à resistência do terapeuta, até mesmo em trabalhar com a ação psicodramática.

Em conclusão

Trabalhando com o psicodrama triádico utilizamos um campo psicoterápico muito rico, ao lidarmos com três abordagens teóricas para as quais pretendemos igualdade de condições no existir.

O jogo dramático é nossa ponte, nossa forma de aquecimento para vencer as resistências tanto dos pacientes como do próprio terapeuta, permitindo a continuação do processo psicoterápico tanto pela dinâmica grupal como pelo grupo analítico ou pelo psicodrama propriamente dito.

Talvez sejamos ambiciosos demais, mas com o psicodrama triádico caminhamos no sentido do individual e do social, para a elucidação do Drama, que emerge tanto no discurso como na ação dos membros do grupo entre si e na relação com o terapeuta, chegando-se ao Drama Coletivo.

Pergunta da organizadora: No Psicodrama Triádico, o jogo dramático tem por finalidade vencer as resistências, mas no seu exemplo me parece que o jogo dramático denunciou as resistências, porém, não trouxe respostas novas. Elas foram pesquisadas no trabalho verbal?

Resposta: Na abordagem de psicodrama triádico o jogo dramático emerge na vivência do grupo e tanto pode ser um aquecimento para um psicodrama ou sociodrama, para o prosseguimento da dinâmica de grupo, como para dar seguimento ao grupo analítico. No exemplo apresentado, por se tratar de momento de resistência do grupo em geral, optamos, após mobilizar as diversas formas de resistências individuais, trabalhar no verbal pela melhor facilitação de acesso ao drama inconsciente. No psicodrama triádico só se aborda o conteúdo com o psicodrama depois de analisadas as resistências, criando-se um clima de menos ansiedade e mais propício ao desenrolar do drama. É justamente aí que reside a diferença entre o psicodrama clássico e o grupo triádico.

A busca do protagonista após o jogo dramático do caso afastaria um momento muito rico de elaboração do grupo, como também o elemento apontado como protagonista poderia resistir à situação do psicodrama.

Era um momento do grupo...

Referências Bibliográficas

1. WINNICOTT, D. W., *O Brincar e a Realidade*. 1ª ed. brasil., Rio de Janeiro, Imago, 1975.
2. SCHUTZENBERGER, A. A. & WEIL, P. *Psicodrama Triádico*. Belo Horizonte, Interlivros, 1977.
3. DAVIS, M. & WALLBRIDGE, D. *Limite e espaço*. Rio de Janeiro, Imago, 1982.
4. ZIMERMAN, D. E. *Fundamentos Básicos das Grupoterapias*. Porto Alegre, Artes Médicas, 1993.

5. Jogos de casal: esconder e encontrar o protagonista

*Devanir Merengué**

"A vida. Eis o que eu dava para nunca ter te visto ou para te ver só mais uma vez."

(Miguel Esteves Cardoso, em *O amor é fodido*)

1

Pensar o casal enquanto relação implica compreender algo da subjetividade aí produzida. Que subjetividade é essa? São formas mais ou menos estáticas, mais ou menos mutantes, modos de funcionamento, rituais, atmosferas engendradas desse encontro. A diversidade desses elementos formata uma unidade específica, única, indicando um co-consciente e um co-inconsciente, como propõe Moreno.

As subjetividades variam de uma pesada rigidez até a flexibilidade líquida. A dureza diz respeito àquelas relações mais ou menos monotemáticas, com paisagens limitadas. A flexibilidade revela amplitudes, capacitação para movimentos, variações sobre temas.

O casal organiza informações, faz registro de memórias para viver e sobreviver. Nem sempre consegue dar conta de todos os fluxos de afetos que permeia a relação, pois são muitas as possibilidades e as formas de afetar-se mutuamente.

Trapézio

O que somos? Todo santo dia pulamos nesse trapézio e realizamos saltos, alguns mortais. Os traços descritos, como braseiros no escuro, por mais que pareçam novos aos espectadores desse circo, nos trazem tédio e conforto.

---

* Psicólogo, psicodramatista, terapeuta de alunos, professor-supervisor pela FEBRAP no IPPGC-Campinas.

2

A rotina ordinária e extraordinária do casal pressupõe uma ordem. Milhares de mensagens circulam pelo vínculo, afixadas na geladeira ou na lembrança. Dores encalacradas, gozos revelados, sentimentos embalsamados. Transgressões e traições pactuadas. A ritualização pode ser mecânica ou solene, mas é imprescindível uma ordem que organize e traga referências.

Tanta ordem por vezes torna-se insuportável, necessitando contraposição, para assegurar um mínimo de espontaneidade. O excesso de segurança impõe alguma aventura. Dias, minutos ou segundos de desordem, em que possam inverter movimentos, desobrigarem-se, vestirem outras fantasias. Na cama o sexo enlouquece, com corpos buscando uma intensidade ainda não sabida. Momentos de fragilidade, dor, aconchego, ruptura dos clichês sociais.

Ordem e desordem, desse modo, qualificam a subjetividade vincular. Disjunções (des)esperadas, gestos-automáticos-mas-que-trazem-tanta-segurança, álbum de família, almoço e jantar, as novidades...

O animal

Naquele momento eu vi: o tigre veio do alto, parecia voar. Pula, elástico. As cores do seu corpo estão mescladas. Passa o pêlo ligeiro sobre minha pele sensível. Um segundo para sempre.

3

O discurso sobre o casal, ou sobre a relação de casal inclui a palavra jogo, com uma freqüência incrível. Para confirmar isso, basta abrir uma revista feminina ou livros que ensinem técnicas para realização da esperada felicidade amorosa. Fala-se de jogo de sedução, jogos de controle, jogo da paixão... Nem sempre explicita-se os significados destes conceitos, mas quem escreve "sabe" que seu leitor também "sabe" do que se trata. E assim, no pacto inconsciente, encontramos movimentos de referências de uma sociedade a respeito do amor.

Falar de jogo na relação de amor é embrenhar-se na complexidade de um vínculo específico, mas também, de formas socialmente estruturadas para determinado campo da subjetividade, no caso, a amorosa.

A palavra jogo é quase sempre auxiliada por outra palavra. Jogos de amor, jogos de guerra. Falar de amor ou de guerra pressupõe (freqüentemente) cenas distintas. A palavra jogo lá está, associada, impondo o sentido da luta, da competição, da teatralidade, da brincadeira.

Normas

Na penumbra, ela enxerga um cartaz afixado no muro do labirinto-macho: "Entrada à direita. Normas para circular por este labirinto estão na parte interna da porta de saída". Em algum outro ponto, frente a um labirinto-fêmea, ele lê cartaz com texto idêntico.

4

O jogo no vínculo de casal apresenta regras nem sempre explícitas. Essas regras, no entanto, estão fundadas na dureza ou na flexibilidade, pontuando cada tema, situação, com seus *rounds*, duração, finalização.

Tomando a conceituação de Júlia Motta[1], que distingue duas possibilidades, temos o jogo ligado à criação, *EM ESPIRAL*, e o jogo ligado à conservação, *CIRCULAR*. Esse esquema é de extrema valia no percurso que tento esboçar.

Nos jogos de circularidade é evidente o propósito de avaliar a intensidade do amor, o quanto o parceiro ainda está envolvido. Visa, portanto, cuidar da sobrevivência da relação, de modo mais ou menos obsessivo. Jogos de palavras, produção de cenas, "testes". Em relações muito difíceis, dolorosas, estes jogos são potencializados à medida que os parceiros sentem-se inseguros, podendo chegar à morte, freqüentes nas páginas policiais.

Toda relação necessita de alguma previsão de sobrevivência no futuro, porque é feita também de projetos, sonhos e esperanças ancoradas para além do presente. Quando essa necessidade torna-se questão de vida ou morte, com jogos circulares e repetitivos, a possibilidade de criação no vínculo extingue-se. A função básica é a da conservação do conseguido, ou do que é idealizado, afugentando elementos inusitados que poderiam imiscuir-se na relação.

O jogo em espiral pressupõe um crescente, sendo que a cada volta passa-se pelo mesmo lugar, mas já acima, produzindo liberdades, uma subjetividade vincular intensa e ampliada.

Por ora, basta este esboço para o entendimento da questão do jogo na relação de casal.

Definição

Jogo para ter, ser, dissolver, encontrar. Jogo para respirar, para ver a luz, desabotoar a camisa-de-força e, quem sabe um dia, a de vênus. Jogo mesmo para sobreviver. Jogo para capturar, para libertar. E você vai transmutando-se, invisível, fugaz. Então eu jogo de novo.

5

A definição de Luís Falivene[2] para o conceito de protagonista trouxe aos psicodramatistas uma enorme riqueza simbólica. O protagonista já não necessita ser uma pessoa, mas torna-se um personagem passível de ser encarnado por um ou mais indivíduos, e continua sendo protagônico na medida em que encarne o drama do grupo.

Utilizo o conceito para compreender o fenômeno protagônico na relação de casal.

Todo protagonista "pede" um antagonista. Os parceiros vivem enredados, enquanto detentores de um drama, nesse conflito.

O personagem protagônico é um personagem-síntese, digamos assim, que atravessa a relação e, repetitivamente, recita seu texto. Nada incomum encontrar órfãos, abandonados, desamados, rejeitados, desvalidos, culpados. Organiza-se enquanto personagem aparecendo em momentos de crise. Tramado no inconsciente vincular, responde a uma residualidade ou a uma virtualidade do vínculo[3]. A protagonização é uma tentativa de atualizar cenas invisíveis.

Em resumo, a protagonização ocorre na medida em que aspectos residuais ou virtuais infiltram-se nos vínculos atuais, deflagrando um conflito e a busca de superação. Quando esse personagem não ganha visibilidade, temos um bode expiatório circulando entre os parceiros. Exemplifico utilizando a situação de um casal cujo personagem protagônico pode chamar-se "abandonado". Ele pede, complementarmente, "alguém" para encontrá-lo. Esse abandonado, no entanto, é antes de tudo um ressentido, cobrando de todos sua desgraça. Pode ser constantemente escamoteado, humilhado a cada nova aparição. Um dos parceiros assume esse personagem, pedindo a entrada em cena do antagonista para a busca de superação do drama, na medida em que se desvela.

Quando o personagem protagônico é identificado, é possível apreender as cenas dos parceiros nele condensadas. Quando a visibilidade é temida, o abandonado vai "pedir" de modo evasivo, perverso, difícil.

A prática clínica mostra que enquanto esse personagem não for identificado, dificilmente um processo psicoterápico deslanche. O personagem amarra os parceiros. Ele não foi construído do nada, advindo de cenas reais ou imaginárias, feitas de dor, repressão, vergonha, desejo. Muitas vezes, o protagonista encontra-se encalacrado, escondido por um contrato sigiloso e inconsciente.

O personagem "abandonado", do exemplo acima, necessita de reconstituição imaginária para cada um. Quem é ele para mim? Não mais jogo-de-empurra. Não mais jogo de esconde-esconde. Ao atravessar a "região dos mortos", perdendo defesas inúteis, que pesam como malas de bugigangas, o abandonado talvez possa compreender seus temores. Quem sabe o temido seja menos doloroso que o vivido...

Na reconstrução do encontro dos abandonados, nas idealizações atuadas na relação, nos papéis cristalizados, no ressentimento que conserva a subjetividade aprisionada: possíveis pontos no percurso do desvelamento, da produção imaginária de novos personagens e da experiência criativa da (talvez) nova relação.

Como em um grupo de psicodrama, essa é a tarefa: ver para além dos discursos circulares, reconhecer o resíduo protagônico da transferência, superar a tensão do conflito pela saída luminosa do escancaramento do frágil. Ao montar cenas, precisa desmontar a oficialidade. Ao desautorizar o bode expiatório, autoriza a dor negada.

Nas relações amorosas encontramos, dolorosamente, muitos bodes expiatórios e menos protagonistas do drama. Dalmiro Bustos[4] falando justamente sobre as relações de casal, indica o caminho da fragilização para fortalecer-se. O protagonista é o dividido, o quebrado, o falido, o frágil. Aquele que pode ser forte, na medida em que possa assumir o conflito. Para isso vai precisar, talvez, ir para o inferno.

Mas... e o jogo?

No paraíso

O jogo consistia em descobrir novas formas de amor cada vez mais doces, cada vez mais cruéis, cada vez mais aprisionantes, cada vez mais libertadoras.

6

Para que o casal joga, afinal? Por que competimos tanto, se dizemos que queremos o amor? Por que te destruo tanto se digo que te amo?

A relação amorosa, mais que qualquer outra, coloca os seres humanos próximos do céu e do inferno (muitas vezes, misturados e confundidos). Dificilmente uma relação entre adultos permite tanta aproximação e tanta distância. A intensidade e a significação do vínculo permite transferencialidades e telecidades diversas e inusitadas.

Os graus da transferência ou da tele são responsáveis por momentos de maior ou menor satisfação no vínculo.

Os jogos de circularidade atendem a demanda da transferência. Entre nós, uma dor a ser evitada. Para isso, os jogos montados visam capitalizar a culpa, aumentar a mágoa, fomentar o ressentimento. Temos uma enorme variedade de caixas a serem utilizadas, dos jogos mais inocentes aos mais dolorosos. Mudanças no timbre da voz, olhares, suspiros, resmungos, mãos moles que fazem o carinho sem vontade, broxadas inacreditáveis, um cheiro indesejável, o perfume que eu detesto, quem era aquela mulher que estava a seu lado na festa?, o telefone anotado e um nome.

Na medida em que jogamos escamoteamos sempre cenas nodais do nosso vínculo. Nos "encontramos" tão pouco, quando muito uma transa vez ou outra, e assim evitamos o mais difícil.

Para que mesmo estamos juntos?

O personagem protagônico não deverá emergir jamais. Por que, de novo, esse fragilizado? Para que essa quebra exposta?

A transferência, desse modo, demanda algo diferente daquela possível no vínculo, mas visa também evitar o movimento protagônico, com meninos/meninas desamparadas, sonhos fraturados, desejos tão temidos...

E assim, passam-se os anos, eu não te direi nunca que te amo/que te amei/que te amarei, pois o diabo do amor me deixa fraco demais, e você forte demais.

Mas, às vezes, nos teus braços, posso te dizer, como naquela música brega, que fala tudo o que eu não posso, que-sou-uma-criança-me-ama-vai...

E rompe-se então a circularidade do nosso jogo.

Adentramos, meio sem querer, em um jogo em espiral, e inventamos agora carinhos para cuidar de seres frágeis que, agora sabemos, somos todos nós.

E nos cuidaremos, sem temer fraquezas. Todos os jogos desdramatizadores são possíveis, todas as dessimetrias de corpo, todos os afagos esperados.

Talvez, então, necessitemos voltar aos jogos de circularidade, para nos proteger na rotina. Mas será impossível esquecer a delícia do abandono na fragilidade. E na espiral, passaremos por este mesmo lugar, visitando-o com novos olhos[5].

A criação acontece apenas quando tiro os pés do chão, quando já não necessito da segurança do sabido, quando ouso sair do céu ou do inferno e me lanço em um vôo no abismo.

A certeza da circularidade garante a ordem da subjetividade rígida. A incerteza da espiral, a desordem da criação de novas subjetividades vinculares.

Apaixonar-se em círculo não provoca mudanças. Apaixonar-se em espiral atende aos riscos da vida, nem sempre boa, nem sempre má, mas certamente intensa.

Pergunta da organizadora: Em sua prática psicodramática com casais, como você lida com jogos para colaborar com o surgimento do terceiro protagônico? Você poderia dar um exemplo prático?

Resposta: Tenho feito um grande esforço para fazer teoria, já que no psicodrama não faltam técnicas. A luta é, muitas vezes, para não ser prático, coisa nada fácil para um psicodramatista.

O psicodrama, quando radicaliza seu pragmatismo, imagina necessitar de pouca teoria. Um ou outro conceito mal-articulado daria conta da prática. Esse legado moreniano, definitivamente, é uma praga. Por isso, a elaboração teórica é essencial: construir conceitos, dialogar com outras áreas do saber, buscar alicerce filosófico.

Como fica evidente no texto, não utilizo o jogo no sentido que muitas vezes aparece na literatura psicodramática. A idéia de jogo é mais ampla e encontra-se presente em qualquer dramatização. Em certos momentos, um Teatro Espontâneo (no sentido clássico) ajuda a desvelar o personagem protagônico. Depois, este poderá dialogar com o casal, explicitando, assim, sua função. Às vezes, cenas cotidianas são retomadas para compreender formas de concretização do protagonista.

Deste modo, o jogo tem a função de elucidar os jogos repetitivos que o casal produz. Quando é possível desmontá-los, transformando criativamente a subjetividade do casal, temos um avanço. Outras vezes, o casal está tão aferrado na busca da sobrevivência afetiva que a ameaça de dissolução é por demais temida.

Parece ser impossível para o homem não jogar. O Psicodrama apenas oferece modo e espaço para que isso aconteça, dando chance para que homens e mulheres possam amar com mais criatividade e espontaneidade.

Referências Bibliográficas

1. MOTTA, Júlia M. C. *Jogos: Repetição ou Criação?* São Paulo, Plexus, 1994.
2. FALIVENE, Luís R. A. "O protagonista: Conceito e articulações na teoria e na prática." *In: Revista Brasileira de Psicodrama.* Vol. 2. p. 1, 1994.
3. AGUIAR, Moysés. *O teatro terapêutico.* Campinas, Papirus, 1990.
4. BUSTOS, Dalmiro. *Perigo... Amor à Vista.* São Paulo, Aleph, 1990.
5. MERENGUÉ, Devanir. "Paixão: descaminhos, mapa, sentido-indicações psicodramáticas." *In: Vida, morte e destino.* São Paulo, Companhia Ilimitada, 1992.

6. Consulta médica, jogo lúdico, relações interpessoais: visões de poder por diferentes ângulos

Júlia M. Casulari Motta*
José Ciccone Neto**

Dizer de jogo na clínica médica poderia passar, ao desavisado, a idéia de brincadeira, de desrespeito, de despreocupação com o doente.

Inicialmente, deve-se esclarecer que o jogo é proposto aqui como uma alteração da metodologia na consulta médica, e a linguagem usada tende a ser a normalmente desenvolvida nesse contexto.

Se olharmos para um consultório tradicional, para o médico e para o doente, veremos que apesar de algumas diferenças de cenografia e coreografia, as ações são desempenhadas num jogo de papéis preestabelecidos, com marcações, até certo ponto rígidas, de texto, personagens e cronologia de cena.

Portanto, quando falarmos em jogo na clínica médica, não vamos pensar em mudanças radicais no cenário, no guarda-roupa e nos papéis. Pensemos em mudança de postura, que só ocorrerá quando o profissional tiver alterada a sua visão filosófica e pedagógica da consulta. Desta maneira, apesar do cenário antigo, a cena será nova, quando a disposição do profissional frente ao doente se mostrar diferente, sendo menos intervencionista e diretiva. Inicialmente observando, perguntando e ouvindo, para então buscar participar sem julgamento ou preconceito.

Para que uma nova consulta aconteça é preciso, em princípio, que o médico esteja predisposto à mudança, buscando uma forma

---

* Psicóloga, psicodramatista, professora-supervisora e terapeuta de alunos pela FEBRAP no IPPGC-Campinas.
** Médico, ginecologista-obstetra, psicodramatista, professor no IPPGC-Campinas.

atualizada de lidar com o seu poder-saber e com o poder-saber do paciente. Assim, é necessário ao clínico ter os recursos para descobrir no paciente os meios para que este possa se auxiliar no diagnóstico e tratamento próprios.

Voltemos por um momento na história: anterior a 460 a.C., quando a figura do médico veio substituir a do curandeiro, a do feiticeiro, a do xamã, que por sua vez veio substituir a do curioso..., podemos rastrear as figuras sociais ancestrais na origem da ciência da saúde, chegando à medicina e à psicologia. Em cada uma dessas fases evolutivas, mediante uma queixa ou sintoma era desenvolvido um cenário especial onde a cena de cura ocorria. Em todas as fases o *setting* era rigorosamente mantido, acreditando-se que desta maneira a força superior da natureza ou, numa linguagem psicodramática, um ato espontâneo-criativo propiciaria o acontecer da evolução. Quando a medicina se tornou ciência, Hipócrates, exercendo de uma nova maneira o papel médico ou curador, escreveu este juramento:

"Prometo que, ao exercer a arte de curar, mostrar-me-ei sempre fiel aos preceitos da honestidade, da caridade e da ciência; penetrando no interior dos lares, meus olhos serão cegos, minha língua calará os segredos que me forem revelados, o que terei como preceito de honra; nunca me servirei de minha profissão para corromper os costumes ou favorecer o crime.

Se eu cumprir este juramento com fidelidade, goze eu, para sempre, a minha vida e minha arte de boa reputação entre os homens, se o infringir ou dele me afastar, suceda-me o contrário."

Tantos milênios se passaram, mas a tradição do juramento permanece.

Neste espaço, uma possível reflexão sobre o tema também pode ser feita.

Comecemos por visitar um cenário atual de uma consulta:

Uma sala, onde estão no mínimo duas cadeiras, uma mesa, em geral uma mesa para exames e possivelmente um armário com apetrechos especiais. Nas paredes podemos ver nítidas marcas de diferentes caminhos. Vários diplomas emoldurados atestam que o dono da sala é diplomado e reconfirmado por vários órgãos, garantindo ao paciente que está em boas mãos. Junto aos diplomas ou em destaque sobre a mesa, um porta-retrato com a família sorrindo completando a certeza de fidelidade ao juramento hipocrático, pois aos que o cumprem é dito que "goze para sempre a vida e a arte da boa reputação...". Nesse cenário, quando o paciente chega, lhe é apontado o seu lugar e espera-se que este saiba seu *script* na ponta da língua, dizendo com presteza qual a queixa, sintomas, história da doença, e que olhe para o doutor como alguém que tem o saber conferindo-lhe o poder. Às vezes, chega-se a esperar que este se adiante ao paciente completando-lhe a fala com o perfil esperado naquele quadro. Hoje existe a expectativa de que o médico tenha segurança, rapidez e solução, de preferência, mágica. São resquícios históricos da época em que a medicina da era xamânica, curandeira na ação do feiticeiro, quando do paciente esperava-se passividade, e do médico, onipotência.

Nessa peça, o "não saber" não é permitido e para isso o profissional pode apoiar-se em muitos exames, receitas intermediárias de observação, e caso demore mais que o permitido, é abandonado por outro mais "experiente". Ambos, nesse exemplo, se escolhem no critério sociométrico de "Eu tenho a queixa e você a cura!".

Nesse modelo tradicional, o trabalho da díade é um movimento complementar esperado. Nesse código estabelecido suporta-se menos a flexibilidade, que pode ser confundida com traição. Tem-se, então, um campo fútil onde pode ocorrer um jogo circular, onde cada um, cumprindo seu personagem com eficiência, sairá satisfeito. Parece-nos que paciente e médico, agindo dessa maneira, lêem somente a primeira frase do juramento quando diz: "Eu, médico, ao exercer a arte de curar...", colocando a arte da cura apenas no médico, e este deixando de ser parte do processo, para tornar-se um ser onipotente e mágico.

Vejamos outro exemplo onde o cenário é o mesmo, e a cena, uma consulta, mas na qual médico e paciente fazem parte do mesmo projeto e se relacionam numa rua de mão dupla.

Aqui também consideramos que ocorre um jogo, mas bastante diferente do anterior. Podemos ver um jogo em espiral que denota a construção de uma verdade que não é absoluta e inquestionável, mas relativa, pois relacional. Aqui, o médico pesquisa além dos sintomas e doença, os recursos do paciente para se ajudar e aceitar ajuda.

Chamemos nosso exemplo de "O jogo do esquecimento-lembrança":

Um médico ginecologista-obstetra havia usado com uma paciente uma técnica na qual utilizou uma coleção de bolinhas de gude (bolas de vidro pequenas de brincadeiras infantis). Quando a consulta terminou, o médico se "esqueceu" de recolher o material que ficou espalhado sobre a mesa. Em seguida, chamou um grupo de gestantes que estava fazendo preparação para o parto. Esse grupo, composto de quatro mulheres com dificuldades em assumir as atuais gestações, tinham histórias de perdas de recém-nascidos devido a problemas genéticos ou abortos espontâneos; fatos esses que além de não haverem conversado entre si, buscavam "esquecer".

Ao entrarem na sala viram as bolinhas de gude espalhadas e, curiosas, fizeram perguntas. O "esquecimento-lembrança" das bolinhas na mesa havia se tornado um jogo de aquecimento para todos. Sem planejar, esse médico criou a tão esperada chance de abrir os segredos que estavam paralisando a evolução do grupo.

O médico, dirigindo-se ao grupo, iniciou o contar da história:
— "Era uma vez uma mulher que engravidou e queria muito aquele filho. Mas, ao nascer, este teve problemas genéticos e morreu alguns dias depois.

Essa mãe deixou-se abater pela perda, e interrompeu todos os seus planos. Então, um dia, questionada sobre onde estaria esse filho, que ao partir levara todos os seus projetos, ela respondeu que seu filho estava num 'céu'. E, usando dessas bolinhas, ela pôde construir esse céu, e achar nele o filho que partira. Pôde resgatar suas lembranças, conversando com ele e, por fim, encarar sua perda, podendo ela mesma reiniciar sua vida e seus projetos."

Aos poucos, o grupo pôde entrar na história, pois não estavam mais sozinhas e queriam compartilhar com "aquela mãe" do conto, a sua própria história. Uma a uma foi, espontaneamente, relatando sua história e compartilhando sua dor. O que antes era solitário tornou-se o elo que permitiu falar sem julgamento, sem impotência...

Atento ao momento e se permitindo ser um contador de histórias, o médico pôde usar o recurso de transformar o privado em público. Quando médico e gestantes se permitiram, o clima mágico do lúdico se instalou. No distanciamento que o coletivo oferece, é possível se identificar com os personagens do conto (à semelhança do conto de fadas), sem que o vexame da exposição individual aconteça. Portanto, o horror pode assumir um caráter de possível, a vida e a morte, fadas e bruxas, tempos e sentimentos passam a ter diferentes significados; o grupo não estava mais no contexto social, mas no "como se", da realidade suplementar onde tempo e espaço têm outra dimensão.

Quando o médico se "esqueceu" das bolinhas de gude, estava pensando nas dificuldades iguais, mas secretas, daquelas mulheres. O médico era o elo das histórias não-reveladas. As gestantes, diante do contexto permissivo da consulta, deixaram de policiar o reprimido que o co-inconsciente e co-consciente do grupo haviam estabelecido numa aliança de proteção aos acontecimentos tidos como fracassos maternos secretos.

Nesse médico puderam encontrar um cúmplice que, além de não as sentenciar com um diagnóstico de mãe bruxa, foi capaz de protagonizar seus desejos de saída. E, como parte do grupo, ele estava envolto no código de silêncio que havia se formado.

Falar das histórias seria trair o juramento: "minha língua calará os segredos que me forem revelados, o que terei como preceito de honra...".

Mas havia também um desejo, e como disseram Deleuze e Guattari, citados no livro *A Multiplicação Dramática*[4]: "desejo é economia de fluxos. Desejo capturado em determinadas ordens representativas, não é ligado à noção de indivíduo nem representação, mas a fluxo". Entendemos como "fluxo", no exemplo, o movimento do co-inconsciente e como "desejo", a vontade de achar saída elaborativa para as perdas. Ainda citando os mesmos autores quando descrevem um dos possíveis fenômenos que podem ocorrer dentro do conceito teórico a que chamaram de "rostricidade". É possível um osto de expansão, que sente e traduz, dando expressão a essa percepção e traduzindo isso em ação. É o rosto do médico-ego-auxiliar que busca, no exemplo citado, uma nova forma de resolver um impasse. Ao transformar as histórias em um conto, ele desvinculou as mulheres dos seus dramas escondidos — como escreveram Kesselmann e Pavlovsky[4]: "exorcizou do sinistro ao patético ao lúdico". O drama privado foi transformado em cena, em história com o princípio mágico "Era uma vez...". Assim, o coletivo traduziu o íntimo, a dor mais profunda de cada uma, protegida pelo anonimato do conto. O coletivo, por tender ao universal, pode atingir o mais profundo do homem.

Mas, por que consideramos que o simples ato de se contar uma história tão singela é um jogo?

Como analisou Moreno[5] no caso John (uma criança que ele tratou de um distúrbio de agressividade, com contos de fadas): nas culturas onde as pessoas têm esta vivência de contos de fadas na infância, é mais fácil se identificarem em situações de conflito na idade adulta, com personagens de contos.

Nesse grupo de mulheres grávidas, elas estavam, pela própria gravidez, sensibilizadas para os repertórios infantis. Ao verem as bolinhas de gude, além de se interessarem, se permitiram falar, querer saber, pegar, e aceitaram a cumplicidade com o médico. Dessa aliança pode surgir o terceiro protagônico que trouxe a saída para o conflito. Nesse jogo, o protagonista foi a mulher do conto que perdeu e achou o filho, passando pela dor de não saber o que fazer da própria vida quando "fracassou" como mãe.

Um conto de fadas tem como elementos que o definem o anonimato de um ou mais personagens (não possuem nomes próprios), a presença do bem e do mal, portanto, da possibilidade de sucesso e fracasso, a ausência de um julgamento moral, mas a saída para um final feliz após sofrimentos, quedas e muitas peripécias, mostrando que é possível transformar o conflito, a dor, numa nova ordem (resposta nova para questões antigas) que trará o bem-estar. Mas o conto mostra que a trama do drama interno só é desvendada quando as personagens se dispõem ao trabalho, escolhendo caminhos, vencendo obstáculos e acreditando na esperança de vida feliz. Não propõe nem uma condenação pelo ocorrido, nem uma saída mágica sem luta para vencer obstáculos, mas mostra e prova pelo final feliz que o homem pode tudo, desde que queira e que se empenhe.

Na medicina hindu, muito mais antiga que a ocidental, já se usava o procedimento de oferecer ao doente mental, para meditação, um conto de fadas que personificasse o seu drama.

As mães deste grupo não precisaram, neste momento, protagonizar numa dramatização a dor da perda de um filho ou a culpa de não terem gerado um filho sadio, ou o medo de não ser uma mulher inteira e sadia para a maternidade. Elas, ao entrarem no campo lúdico do jogo, se permitiram ser poderosas ao compartilharem com a mãe do conto suas experiências. É como se todas, num movimento de solidariedade, se tornassem cúmplices para "auxiliarem" aquela mãe enlutada, mas também vencedora.

Como disse Monteiro Lobato, no "Sítio do Pica-Pau Amarelo": "As pessoas não morrem, elas ficam encantadas".

E aquela mãe resolveu o "não existir" do filho ao criar um novo endereço para ele, bem como sua concretização numa bolinha de gude, símbolo da ludicidade infantil. Como com um personagem de conto de fadas, foi possível transformar o monstro da morte em mudança de endereço, justificando sua liberação para novos filhos e outros projetos, pois o "filho bolinha de gude" estava bem. Assim, o tradicional final: viveram felizes para sempre, se justifica.

As mães, ao se identificarem com o conto, trataram de transformar culpa, vergonha do fracasso, dor da perda, medo de abandonar o filho morto em desejo, que é a economia de fluxo, criando um "céu" em seus corações, sendo capazes de acolher em paz um filho ausente. Como já dissemos, exorcizaram do sinistro (morte) ao patético (acreditar em histórias da carochinha) ao lúdico (criar uma saída nova para a perda), ao "céu" (onde reina a paz e o amor).

O jogo simples do conto e do elemento lúdico das bolinhas de gude foi capaz de permitir às mulheres resignificarem seus segredos que, ao ficarem secretos, transformavam-se em monstros, e quem carrega monstros acaba virando bruxa.

Consideramos que o jogo foi aqui usado como sinônimo de conto, como no artigo "A Promessa da Narrativa" — A terceira onda, de Bill O'Hanlon[7] mostrando que é possível abrir a porta da transformação com um simples jogo de um conto de fadas.

Podemos também refletir esse jogo (conto) como uma técnica do espelho, quando as mulheres, olhando-se no espelho do conto, puderam perguntar: "Espelho, espelho meu, existe alguém mais feia do que eu?" e o espelho, ao contrário da resposta à madrasta da Branca de Neve, lhes respondeu: "veja o que é possível fazer com a feiúra", e lhes mostrou uma saída.

No Psicodrama a técnica do espelho é bastante usada e útil para o distanciamento do protagonista do seu drama e como a possibilidade de ver elementos novos na questão.

Mas tudo começou com o vínculo que os participantes criaram num dado tempo e espaço da relação.

Assim como para sonhar é preciso acordar no sono, para brincar é preciso criar a ilusão da realidade. A atitude ingênua no sentido fenomenológico-existencial possibilitou uma nova metodologia capaz de reler o juramento hipocrático com novos olhos.

Sobre o tema, Castello de Almeida[2] diz:

"... o que é ser ingênuo nesse caso?

Do mundo que tenho diante de mim nada afirmo com idéias preconcebidas, nem com explicações psicológicas e científicas. Apenas interrogo, ouço, vejo, percebo e sinto. Também me interrogo, me ouço, me vejo, me percebo e me sinto; diante das informações desse mundo que chegam a mim, entedio-me, alegro-me, emociono-me.

Nesse momento desconheço o que aprendi, deixo de lado meus conhecimentos, evito a erudição. Entrego-me à intuição, que é individual, pessoal e tanto quanto possível, deverá ser sempre criadora; permito-me à relação intersubjetiva; uso a intencionalidade para integrar-me nos universos que se abrem à minha participação naquele instante. Procuro ser télico.

A atitude 'ingênua' permite-nos ser a emoção num plano irreflexivo ou pré-reflexivo. Exatamente ao contrário do exercício intelectual ou reflexivo do pensamento que nos leva ao conteúdo abstrato e conceitual. Pensar e refletir sobre o amor é conhecer (ter) a consciência de amor. Vivenciar e sentir o amor é ser consciência de amor."

No outro exemplo, a seguir, podemos analisar a importância do momento vincular. Aqui veremos uma situação onde ocorre a vinculação com elementos lúdicos imprescindíveis para que o jogo aconteça. Consideramos suficiente esta reflexão, sem a necessidade de outros exemplos de jogos.

Uma mulher em torno de 48 anos, com dores na articulação da coxa, resolve procurar um clínico geral, desconhecido até então, que lhe fora indicado por um amigo.

Quando entra no consultório é recebida de uma maneira convencional e o ambiente nada tem de especial: uma mesa, cadeiras, um biombo e uma mesa para exames.

O médico lhe indica onde sentar-se e lhe faz a primeira pergunta: "Como você me escolheu?"

A paciente, diante da pergunta original, lhe responde:

"Eu estou com dor na articulação da perna esquerda e receio estar com osteoporose. Não queria falar deste meu medo com o ginecologista ou com o homeopata com os quais já venho me consultando. Pedi a um amigo uma indicação porque queria alguém desconhecido."

O médico, habilmente, aceitou o lugar de "desconhecido", isto é, alguém que iria descobrir junto com a paciente o que estava acontecendo, abandonando o lugar de médico-que-já-sabe-tudo-da-paciente-e-da-queixa.

Por outro lado, a paciente podia falar dos seus medos e fantasmas sem precisar corresponder às expectativas que imaginava que teriam dela.

Ambos estavam em campo relaxado, não tinham obrigações a cumprir. O convite ao vínculo estava aceito, havia mutualidade e os critérios sociométricos eram complementares. Ambos se afastaram do convencional.

Um clínico que inicia uma consulta perguntando: "Como você me escolheu?", está se dando a chance de saber com que critério sociométrico irá escolher aquela pessoa que está vendo pela primeira vez. O paciente, quando chega para a consulta, já pode de alguma maneira escolher o médico. Pode também ter a iniciativa da procura. O médico, que num primeiro momento "foi escolhido", adquire o direito a informações que o aqueçam para escolher aquela pessoa como paciente.

No fim da consulta onde não faltaram os testes clínicos, a anamnese da cliente, mas também muitas perguntas e liberdade de opinião, o médico disse:

"Bem, agora, o que você pensa que tem? Se eu receitar um remédio você irá tomá-lo?"

Ciccone[3] escreve sobre o vínculo na clínica médica:

"Quando se trata especificamente, profissional e doente geralmente saem com suas individualidades protegidas. Mas não dá para fazer o jogo do olhar sem sair contaminado. E essa contaminação não sai com a assepsia habitual. Assim, a relação de poder, no vínculo, muda. Cria um caráter mais íntimo."

Mais adiante, o autor reflete que este novo distanciamento não coloca em risco o poder do saber, e pergunta:

"O poder médico, dentro do vínculo, pode ser redimensionado com este tipo de abertura?"

Pensamos que o poder nas relações é definido no conjunto de regras que se estabelece em cada vínculo. Quanto maior acesso e clareza as pessoas envolvidas num vínculo tiverem dos seus critérios de escolha mútua, dos códigos de fidelidade e lealdade, que definem as alianças e cumplicidades, mais chances terão de se verem e de se vincularem positivamente.

Outro autor que reflete sobre a relação médico-paciente é Ballint[1], quando escreve:

"Pode o clínico geral acompanhar situações difíceis? Ele está preparado para lidar com a mente? Entre médico e paciente ocorrem muitos fenômenos psicológicos nem sempre aparentes e detectados, mas que podem estar na gênese do sucesso/fracasso da intervenção terapêutica".

Acreditamos que seja possível ao clínico esta mudança, a partir da sua própria transformação, do seu olhar sobre si mesmo e sobre outro, quando a verdade absoluta é substituída pela verdade relativa.

De consulta passamos a ter "consultas", onde ambos se consultam, sem que médico e paciente percam seus papéis.

Consideramos oportuno citar aqui o livro de Selviri Palazzoli e outros[6] quando consideram um erro epistemológico dizer que o comportamento de um indivíduo é a causa do comportamento de outro, bem como quando se acredita ser o único que detém o poder ou se convence que é o único que não tem poder numa dada relação ou momento.

Como já escrevemos, o poder se encontra nas regras do jogo, estabelecidas no tempo/espaço do vínculo por todos os envolvidos na relação.

E, para finalizar, citamos Moreno[5], quando escreve sobre a primazia dos valores sociométricos nas relações interpessoais de cientistas, afirmando "sou devoto das relações primárias e não posso pensar em um mundo no qual sobreviver, onde calor e amizade, verdade e clareza sejam totalmente substituídas por astúcia, inteligência calculista e confiança, em que a mídia técnica de comunicação, ou seja, a máquina impressora, possa aniquilar o aqui e agora, a comunicação face a face".

Pergunta da organizadora: Numa consulta médica, se fosse usado um filme ou uma música, também seria um jogo?

Resposta: Para que o jogo exista e seja um jogo dramático, pressupõe-se que certos conceitos sejam marcados.

Três pontos básicos são imprescindíveis:

- O Vínculo
- O Contexto
- O Contrato

A Consulta Médica existe num contexto inicial, onde Médico e Paciente, em seus papéis sociais, vão desenvolver um vínculo que pode levá-los ou não a modificar o contexto e então, com a elaboração de um contrato respeitado por ambos, criar a possibilidade do jogo.

Para que o jogo se desenvolva, o *Vínculo* se torna o primeiro ponto a ser visto. Havendo a escolha, e esta sendo de mão dupla, o vínculo pode ser criado. Uma vez instalado, vai ser redimensionado e atualizado com o desenvolver do projeto, indo da tradicional postura do médico até chegar a uma relação em que haja a autorização para que ocorra uma modificação do projeto inicial e que o jogo possa acontecer através da co-criação.

O *Contexto* será transportado do grupal para o psicodramático, onde o "como se" pode existir. Ele começa no social, passa ao grupal no consultório nos papéis de médico e paciente. Com aquecimento adequado, distancia-se do contexto grupal, havendo a criação de personagens que irão buscar a solução do conflito (que pode ser o motivo da consulta ou surgir durante o desenrolar da mesma) já no contexto psicodramático.

Em terceiro lugar, o *Contrato* entra com normatizações e regras que permitirão ao jogo existir dentro de limites específicos, onde o vínculo possa ser redimensionado e atualizado, e a transição entre os contextos seja claramente marcada.

A partir de então pode-se recorrer à história, ao conto de fadas, a um filme, ou mesmo a uma música que permitam ao paciente a criação de um personagem e com ele desenvolver um jogo dramático que possa levar à resolução do conflito, sem que isto seja certo ou possa se dar de forma mágica.

Somente se saberá que o jogo dramático durante a consulta médica realmente foi transformador, pelo seguimento do paciente.

Desta maneira, o Poder Médico pode ser redimensionado, dando ao paciente possibilidades de trabalhar de diferentes maneiras pela sua própria cura.

Referências Bibliográficas

1. BALINT, M. *The Doctor, His Patient and The Illness*. 2ª ed., Nova York, International Universities Press Inc, 1973.
2. CASTELLO DE ALMEIDA, Wilson. *Formas de Encontro: Psicoterapia Aberta*. 2ª ed., São Paulo, Ágora, 1988.
3. CICCONE NETO, José. *O Médico Clínico e o Psicodrama. Reflexões sobre a relação médico-paciente*. Trabalho de conclusão de curso de especialização em psicodrama — IPPGC, Campinas, não-publicado, 1994.
4. KESSELMAN, H., PAVLOVSKY, B. *A Multiplicação Dramática*, tradução de Ângela Tijiwa, 1ª ed., São Paulo, Hucitec, 1991.
5. MORENO, J. L. *Quem sobreviverá? Fundamentos da Sociometria, Psicoterapia de grupo e Sociodrama*. 1ª ed., Goiânia, Dimensão, 1992.
6. PALAZZOLI, M. S., BOSCOLO, L., CECHIN, G., PRATA, G. *Paradojo y Contraparadoja*. Buenos Aires, Paidós.
7. O'HANLON, Bill. *The Third Wave*. Trabalho publicado na revista *Networker. The Family Therapy*. Washington, DC, nov.dez. 1994, pp. 18-29.

7. Jogando e aprendendo a viver

*Yvette Betty Datner**

Jogos dramáticos...jogar o drama...com quem? Qual drama? *To play...role...role-playing game*. Jogar, viver um papel ou representar o papel de um *script*? Criar, expressar e... o que mais? O que mais faz parte do conceito de jogo dramático? Retomando alguns escritos sobre o tema, deparo-me com os instigantes jogos de palavras que implicam na atribuição de vários significados para o mesmo termo e tenho a certeza de que esta diversidade nos desafia a repensar e aprofundar.

Antes, porém, um esclarecimento: o que diferencia o jogo dramático do *role-playing* é a questão protagônica. No role-playing, a dramatização é centrada na questão levantada pelo protagonista e apropriada pela platéia-grupo. No jogo dramático o tema protagônico é de caráter grupal, trata-se de uma situação do grupo, do seu funcionamento.

E falando em jogos, um pouco da história...

Foi na década de 50, nos Estados Unidos, que os jogos foram introduzidos como recurso de treinamento para executivos da área financeira, sendo amplamente utilizados para simulações e estratégias de soluções de problemas que fossem além da previsão de situações/acontecimentos. Nas empresas brasileiras foi somente na década de 80 que os jogos começaram a fazer sucesso.

O jogo, em si, tem sentido em todos os ambientes do fazer humano, pois jogar é estabelecer relações com pessoas e objetos, e é parte da própria sobrevivência do homem. Relações e vínculos so-

---

* Pedagoga, psicodramatista, professora-supervisora pela FEBRAP na ABPS - São Paulo.

mente ocorrem porque temos a capacidade de nos emocionar. Assim, a emoção é uma função positiva no desenvolvimento do ser humano.

No cenário de trabalho das empresas, vínculos, emoções e desenvolvimento continuam sendo gestores essenciais no estabeleciment das redes de relações, na determinação dos espaços de criação e de produção, na geração das metas e nas condições da evolução de grupos e equipes. É importante levar em conta esses fatores, pois eles norteiam nosso trabalho quanto às opções de recursos metodológicos adequados às finalidades dos processos.

Quanto aos jogos dramáticos, estes apresentam características próprias, não podendo ser confundidos com um jogo qualquer. Pertencendo à metodologia psicodramática, os jogos dramáticos despontam como um dos meios de realização do Projeto Socionômico de J. L. Moreno. Assim, a possibilidade de transformação construtiva e saudável das relações de-e-no trabalho significa garantir a textura vital das relações.

O jogo dramático tem como núcleo vivenciar o jogo assumindo personagens em permanente caráter lúdico. Através do prazer e do lúdico, objetiva-se levar ao cenário dramático — contexto dramático — a realidade das dinâmicas interpessoais, de forma a que sentimentos, emoções e sensações vitalizem a expressão dos conteúdos emergentes, dos fenômenos grupais e dos posicionamentos diante de uma situação.

O jogo dramático traz à baila conservas culturais, estereótipos, modelos cristalizados que aprisionam a espontaneidade e a criatividade. O mesmo jogo que busca, revela e desvela, também trabalha no sentido da transformação e das mudanças desses mesmos fenômenos. O dar-se conta, perceber e até mesmo integrar de maneira nova os dados levantados pelo jogo instiga os participantes para um movimento, até então não pensado e não planejado, resgatando o "arriscar-se" pelo prazer de experimentar o novo.

Como todo jogo, o jogo dramático possui regras. Ao se entrar no jogo, aceitam-se suas regras. Por meio deste envolvimento e desta opção, a de jogar, separamo-nos, por um determinado momento, do mundo real exterior, entrando em contato com nosso interior para viver a fascinação e a magia do lúdico.

Nossa verdadeira dimensão humana irá expressar-se através das etapas do jogo dramático, seqüência de ações/comportamentos plenos de significados compartilhados com todos os participantes.

Ao assumir a criação e elaboração de personagens, o participante concretiza a expressão de sua imaginação, de sua fantasia e mesmo de suas crenças. A liberdade de ser personagem exercita a expressão autêntica de ser, simultaneamente, ator e autor, caracterizando a dramaticidade deste caráter. A interação entre os personagens, isto é, o brincar, é o fator de organização da trama numa seqüência espaçotemporal cuja dramaticidade garante a assimilação e a apropriação da realidade através do imaginário e da fantasia.

No campo relaxado do lúdico, os conflitos, as dificuldades, as facilidades, as complementaridades, o encontro e a comunicação são vividos, conhecidos e reconhecidos pelo grupo.

Educação permanente

Minha experiência profissional, iniciada na pedagogia e atualmente voltada para a área da andragogia como consultora de empresas, docente e supervisora, abrange uma variada gama de experiências, da escola à empresa. Hoje, como profissional de educação nas empresas, tenho a convicção de que a concepção fundamentada na aprendizagem continuada e permanente é o que potencializa a essência do homem espontâneo-criador, seus talentos e sua condição ímpar de ser ator/autor do seu ser e do seu fazer.

Como psicodramatista, concretizo minha ação com os grupos do meu cotidiano, compostos por profissionais de diversas formações e ocupando as mais diferentes funções. Meu trabalho é pautado pelos grupos. São eles que indicam os melhores caminhos a trilhar para o aprender, o inovar e o compartilhar. Toda leitura e linguagem se fundamentam na teoria e metodologia do Psicodrama Aplicado.

A questão dos jogos dramáticos no âmbito das empresas, sua utilização e manejo adequados em processos de seleção e programas de treinamento requer definições claras:

O que está envolvido na seleção? O que é treinamento? Objetivos e equívocos comuns quando se fala em treinamento. O que são jogos dramáticos? Um jogo dramático em treinamento e o mesmo jogo adaptado para seleção. Um *case*.

Situando a realidade de nossas empresas, elas se caracterizam por tipos de organização muito diversos. Umas ainda tradicionais, algumas em transformação em busca da competitividade global e outras, grandes empresas transnacionais que se valem de alta tecnologia e administração inovadora. Em qualquer uma delas, o grande desafio é qual a concepção de homem que deve prevalecer. Atualmente, há uma tendência em valorizar a pessoa, seu pensar, sua autonomia, sua criatividade, seus talentos *versus* a homogeneização do fazer o trabalho.

A nomenclatura usual de seleção e treinamento será utilizada como referência. No entanto, definirei essas duas áreas de atuação. Venho criando inúmeros processos de seleção. Em todos eles, a base teórica que norteia a criação de um programa é a da Sociometria. Os critérios a serem avaliados são elaborados primeiramente pela Teoria de Desenvolvimento e num segundo momento, pela Teoria de Papéis.

Selecionar quer dizer escolher o melhor. Avaliar significa conhecer. É isto mesmo que é realizado num processo de seleção. O candidato precisa de oportunidade para se fazer conhecer. Em campo relaxado e numa relação de confiança, a revelação de como esta pessoa é e como funciona em diversas situações torna-se possível. Não se está invalidando outros recursos técnicos, no entanto, para nós, psicodramatistas, dinâmicas situacionais e jogos dramáticos e perceptivos fornecem dados claros e verdadeiros sobre as pessoas.

Já se acreditou que as pessoas, ao entrarem para uma empresa, deveriam ser deste ou daquele modo. Por isto, muito já se investiu em material e programas de treinamento e adestramento de habilidades para preparar os funcionários para terem a "cara da empresa". Ainda nos deparamos com treinamentos tendo por objetivo obter perfis delineados pela cultura da empresa.

O que se chama treinamento, eu trato como educação continuada, no sentido do desenvolvimento das pessoas no ambiente de trabalho. A questão fundamental é o conceito de trabalho humano. O que é e para que serve. Assim, não se pode mais olhar a pessoa de forma fragmentada: o profissional e o pessoal. O homem é um todo, com sua dinâmica existencial que o faz ser único em todos os ambientes de seu fazer e ser. Neste sentido é que nosso trabalho privilegia o homem em relação a sua rede de relações interpessoais.

Procurando situar os jogos dramáticos em seleção e em treinamento, é preciso distinguir as diferenças entre as duas situações:

Valendo-me das características descritas na definição de jogos dramáticos, para cada uma, indicarei as especificidades em seleção e em treinamento.

Tempo e característica do processo

Seleção: intervenção única, relação de pouca duração.
Treinamento: intervenção seqüencial, relação de longa duração.
Conteúdos emergentes:
Seleção: observados e relatados para avaliação/perfil.
Treinamento: incentivados e trabalhados na seqüência do programa.

Regras:
Seleção: como o candidato lida com as regras; assimilação e envolvimento.
Treinamento: descoberta, rearranjo e desenvolvimento por meio do aprender.
Transformação/mudanças:
Seleção: não há procedimentos. Observa-se se há potencial, propostas e disponibilidade.
Treinamento: o processo de desenvolvimento e aprendizagem objetiva a descoberta e a construção das transformações e mudanças a que o grupo se propõe.
Compartilhar/processamento:
Seleção: não há compartilhar. O que é oferecido é um processo de *feedback*. As pessoas mal se conhecem.
Treinamento: é possível o compartilhar. As pessoas estão juntas e se conhecem. O continente grupal é de ordem diversa do de seleção. O processamento é aprendizagem.
Imaginário/Fantasia/Criatividade:
Seleção: são observados e podem ser até medidos através de *grids* especialmente elaborados para este fim.
Treinamento: emergem e há espaço para seu desenvolvimento em amplitude de situações e de tempo. Aplicabilidade.
Conflito:
Seleção: quando aparece, é deixado como tal. Observa-se e pondera-se a respeito. Procuram-se jogos que não instiguem este fator.
Treinamento: o conflito é alvo de enfoque de trabalho além de um recurso de aprendizagem.

Enfim, em seleção, o jogo dramático é conduzido de modo diverso do que em treinamento até a dramatização, entrando rapidamente nos comentários. O que chamamos de compartilhamento não procede. Em seleção, o grande objetivo é identificar e conhecer a dinâmica pessoal, como cada um dos participantes se posiciona, que propostas apresenta e como joga. Vários jogos dramáticos para os fins de seleção podem ser utilizados, contanto que sejam adaptados e sigam os critérios acima expostos. A seleção não inclui o processamento por não fazer sentido.

No treinamento, os procedimentos psicodramáticos podem ser explorados em toda a sua extensão. Não há limitações de ordem de tempo, na medida em que o planejamento seja adequado. O jogo dramático em treinamento não basta em si mesmo. Habitualmente, introduzem-se jogos dramáticos como recurso para aprofundar o conhecimento de si como grupo ou sobre um tema.

Jogo Dramático inserido em um processo de Desenvolvimento Gerencial

Cenário Organizacional: empresa cujo diagnóstico e levantamento de dificuldades apontam para a necessidade de um trabalho de integração entre equipes/áreas. Há obstáculos na fluidez de informações e comunicação.
Grupo de Gerentes: doze, de áreas distintas.

Na linguagem organizacional, "fornecedor × cliente interno" refere-se à rede de comunicação, informações e produtos dos vários setores até chegar ao cliente externo. O processo interno é uma viagem de ida e volta, de dar e receber na produção do trabalho. As dificuldades de fluidez geram alterações de ritmo, de tempo e conflitos entre pessoas, equipes e áreas, ou mesmo no todo, alterando o alcance de metas e de padrões de qualidade do produto.

Denunciar os dados de interferência a partir de uma ótica externa é uma postura geradora de resistências por parte das equipes. Propor um trabalho de pesquisa e conscientização dos fatores que levam aos impasses, através da ação dramática com a participação dos atores/personagens/autores em substituição a procedimentos racionais — gráficos e verbais —, propicia aos participantes um envolvimento espontâneo e criativo cujos resultados estarão permeados de formas novas de ação.

O jogo dramático foi escolhido exatamente por gerar um campo relaxado e um sentido lúdico para que o peso do tema não interferisse no olhar verdadeiro do que estava acontecendo e para que não se corresse o risco de nenhum participante ou área carregar sozinho, como "bode expiatório", a responsabilidade da situação crítica. Mesmo que durante o jogo fiquem evidentes e claros os pontos de estrangulamento ou aparecimento de obstáculos à fluidez, em nenhum momento o objetivo no desvelar e revelar deve ser o de instigar "um" responsável. O objetivo fundamental é, através do jogo dramático, atividade coletiva por excelência, ao se vivenciar personagens simbólicos, que o grupo de gerentes possa enxergar e daí decidir, entre todos, as mudanças que possam ser propostas e concretizadas. Todos estão no mesmo barco.

Protocolo

Nome: Jogo da Empresa Viva
Espaço: Uma sala de treinamento — na empresa ou fora em espaço de evento.

Tempo: três horas (com 12 participantes)
Unidade Funcional: duas psicodramatistas
Aquecimento Inespecífico:
Com músicas pré-selecionadas e gravadas, solicitamos ao grupo ouvir a melodia entrando em contato com seu próprio ritmo, expressando-o como bem queira. Exploração do espaço da sala e do contexto. Este contexto, em determinado momento, passa a simbolizar o espaço da empresa. Monta-se um cenário, e nele cada participante informa em voz alta qual seu nome e área/equipe/departamento a que pertence.

Dramatização

Aquecimento específico
Em seguida, pede-se para que cada um ocupe, no espaço simbólico da empresa (contexto dramático), a posição que considere ser a da sua área na empresa: à frente, de lado, ao lado, atrás, no centro, etc... perto ou longe das demais áreas. Obtém-se, portanto, um "organograma vivo" produzido/resultado da compreensão, entendimento e percepção de cada gerente a respeito da área que gerencia. Substituídos pelo ego-auxiliar, todos olham a montagem de fora, sob vários ângulos.

Na seqüência, aprofundamos a dramatização, solicitando aos participantes que assumam o papel de Área: não são mais gerentes, mas personagens, criando papéis psicodramáticos. Por exemplo, são Marketing, Vendas, Administração. Trabalhamos com a construção dos personagens indicando, através de senhas, o corpo, o movimento, a forma, a comunicação — entoação, ritmo, volume —, compondo um conjunto de dados que expressam este personagem-área.

A continuação do jogo se faz através das seguintes etapas:
1. Solilóquio de cada um; entrevista.
2. Qual a fala de cada personagem: o que pensa sobre si-área e sobre os demais; o que percebe, explorando as imagens internalizadas de cada personagem-área.
3. Inversão por rotação: todos trocam simultaneamente de lugar em ordem combinada e também aí se trabalha cada nova posição e novo papel; solilóquio ou algum duplo, se necessário.
4. Expressão da rede de relações: explora-se o conteúdo de cada área — para quem envia seu trabalho, de quem recebe. Usa-se, para tanto, material concreto, como, por exemplo, barbantes coloridos.

Neste ponto, o importante é explorar e possibilitar desvelar o que cada área expressa em relação às demais: queixas, satisfações, encrencas, mal-entendidos, necessidades. Para que isto possa acontecer, cria-se uma situação. Por exemplo: todas as áreas estão em uma reunião onde se manifestam, discutindo e propondo soluções sobre o tema em questão.

5. Esta rede geralmente concretiza as áreas mais e as menos carregadas: as que se livram rapidamente da tarefa, as que não enviam e as que recebem e centralizam o trabalho e a informação que cada grupo leva — tudo isso será trabalhado, sempre através do jogo.

6. Retoma-se a rede, agora com uma nova rede, com equilíbrio, harmonia e propostas de mudanças para cada área. As áreas deverão buscar um arranjo satisfatório e transformar o que considerarem necessário, negociando, trocando, etc.

7. A etapa dos comentários inicia-se com a despedida dos personagens e a volta à realidade do papel de gerentes. Então, comentam sobre suas participações, importância do que descobriram e como estão vendo a nova rede.

Este jogo é uma das etapas de um programa de desenvolvimento. Com algumas adaptações, ele pode ser utilizado em seleção, propondo-se aos candidatos:

1. A construção da "fantasia" de como é a empresa-áreas e distribuição das mesmas.
2. Quais são as interfaces ou interpelações que eles "acham" que montam a rede; nível do imaginário.
3. Em qual área cada candidato se coloca.
4. Assumir um papel/personagem na referida área.
5. Propor uma situação na qual estes papéis psicodramáticos, na ação, ofereçam dados sobre o autor/candidato.

O jogo dramático propicia a expressão dos desejos e fantasias de uma situação ou conflito. Sob as regras semânticas do verbal, tal como discussões em pequenos grupos, painéis, etc., o caráter espontâneo-criativo é aprisionado pelo controle do pensamento lógico-social. Isso quer dizer que os participantes que mais se empenham na busca de um resultado estão imersos em valores e regras sociais que conduzem o processo.

Ao propormos a liberação das tensões — controle físico, intelectual e emocional —, abrindo o espaço para a fluência do imaginário e da fantasia, ou seja, do verdadeiro, do autêntico, as pessoas vivenciarão seu processo espontâneo-criador, gerador do novo, transformador do conhecido cristalizado que não mais dá conta para construir, no nível do grupo presente, uma nova composição. As mudanças, portanto, são tanto no nível pessoal como coletivo, garantindo o caráter relacional de trocas e compartilhamento. Assinala-se, assim, o caráter de aprendizagem que acompanha toda a ação dramática ao longo do jogo.

Perguntas da organizadora:

1. *O trabalho com jogos em empresa sempre está tão próximo da realidade social?*

Resposta: O trabalho que descrevo é, segundo minha concepção e estudos, um jogo dramático, pois propicia a vivência do papel/fantasia através dos personagens criados por cada participante.

A construção da trama é original, pois os autores são as pessoas investidas em personagens que a "escrevem".

Ora, criar um personagem chamado Marketing está se falando de um personagem simbólico, que não existe a não ser na imaginação e na fantasia como produto da criação, e assim pode ser concretizado.

Se trocarmos o autor teremos, com certeza, tantos Marketings quantos forem os autores. Assim, de repente, o tal Marketing, ou Administração, ou Financeiro, têm coração, mente e neles pulsam vida. Por isto é que não são transposições da realidade para o cenário dramático nem são papéis reais de uma pessoa. São criações, no aqui e agora. Não é *role-playing* por não estarmos trabalhando papéis sociais, e não é sociodrama porque não estamos nem lidando com fenômenos grupais, porque este grupo ao propor a integração de áreas teve a necessidade de abstrair, através de um jogo dramático, as questões relacionais pessoais que pudessem contaminar a visão sistêmica objetivada. Através do brincar e do sentido lúdico é possível os "personagens", "Marketing" ou "Administração" jogarem seus Dramas. Daí a transposição da fantasia para a realidade e novas percepções. Por isso, digo que o Jogo Dramático se joga ou se dirige numa etapa de um processo de treinamento organizacional. Em si e só nem sempre alcança a abrangência de um processo como um todo. Então, é um recurso precioso para jogar com dados numa outra dimensão de realidade. Assim, afirmo: o jogo dramático, o sociodrama e o *role-playing*, vão compondo ao longo de uma programação, com seu contrato claro com o grupo, a metodologia do trabalho com entremeios de atividades didáticas na relação ensino/aprendizagem conceitual específica.

2. *O que é Andragogia?*

Resposta: O adulto aprendiz é diferente da criança e do adolescente. Os princípios e práticas da relação ensino/aprendizagem dos adultos denominam-se Andragogia. A andragogia diz respeito à educação de adultos. Assim, na educação profissional, termo que vem substituindo a palavra treinamento, quem é aprendiz é o adulto.

O processo de treinamento ou desenvolvimento na organização devem estar embasados nos pressupostos andragógicos para não incorrer no erro de estar considerando os adultos como crianças ou adolescentes. Olhar e saber das capacidades dos adultos. Assim, os jogos dramáticos introduzidos em programas de educação profissional também não podem confundir o jogo infantil com o dos adultos, assim devem embasar-se nos princípios da andragogia.

3. *Como o adulto joga em seu ambiente de trabalho?*

Resposta: No *role-playing* aplicado, trabalhamos com contrato de qual papel será o objetivo, além de trabalharmos no nível dos papéis sociais. O protagonista é aquele que traz uma situação que envolve o grupo e, por isso, é seu drama que vai para o cenário.

No jogo dramático joga-se entre personagens fictícios, um jogo lúdico, que não pertence ao espaço do *role-playing*. O jogo é do grupo porque é ele quem dá o tom à trama que é dele à medida que o cria.

No jogo que apresento, os personagens não estão nada próximos da realidade social e se fazem parte do ambiente do trabalho, de certa forma, é a realidade simbólica que encaminha o jogo. O gerente coordena uma determinada área e nem por isso inverte papel com ela com facilidade. Não é sociodrama, pois não estamos trabalhando com valores ou princípios do coletivo social. O jogo, na empresa, não é dedicado à quebra de resistências e liberação do reprimido como pensam alguns. Primeiro há repressão para ser liberada? Ou este é um preconceito em relação ao ambiente das empresas? Não seria mais saudável e sadio tratarmos de liberação de espontaneidade e de criatividade como, sem dúvida, são as condições para o crescimento, mudanças e transformações? Ninguém cresce, muda ou se transforma se não quiser. O sentido disso é sempre dado pelo participante nos treinamentos. Não é mais possível falar em "adestramento" como forma de "dominar" funcionários. Por que será que ainda perpassa esse conceito de dominador/dominado como sendo a única forma de relações de e no trabalho em organizações? Outros grupos são libertadores? Nunca repressores? Vejamos a relação professor/aluno... Para mim o coletivo libera e protege o indivíduo com suas singularidades e não o individual, como coisa fechada. O coletivo é referencial fundamental para as relações mais do que e somente para o indivíduo.

Referências Bibliográficas

1. BALLY, G. *El Juego Como Expression de Liberdad*. Mexico, Fondo de Cultura Económica, 1958.
2. COURTNRY, R. *Jogo, Teatro & Pensamento: As Bases Intelectuais Do Teatro na Educação*. São Paulo, Perspectiva, 1980
3. HARMANN, W. & HORMANN, J. *O Trabalho Criativo*. São Paulo, Cultrix, 1993.
4. KAUFMAN, Artur. *Teatro Pedagógico*. São Paulo, Ágora, 1992.
5. KNELLER, G. F. *Arte e Ciência da Criatividade*. São Paulo, Ibrasa, 1978.
6. LUCAS, F. L. *Greek Drama for Everyman*. Londres, J.M. Dent & Sons LTD, 1954.
7. MONTEIRO, R. F. *Jogos Dramáticos*. São Paulo, McGraw-Hill do Brasil, 1979.
8. MORENO, J. L. *Psicodrama*. São Paulo, Cultrix, 1975.
   ___. *Fondaments de La Sociométrie*. Paris, P.U.F., 1970.
   ___. *Fundamentos do Psicodrama*. São Paulo, Summus, 1983.
   ___. *O Teatro da Espontaneidade*. São Paulo, Summus, 1984.
9. MOTTA, M. C. J. *Jogos: Repetição ou Criação?* São Paulo, Plexus, 1994.
10. PAVLOVSKY, E. & KESSELMAN, H. *Espacios y Creatividad*. Buenos Aires, Ayllu, 1990.
11. ROMANA, M. A. *Psicodrama Pedagógico*. Campinas, Papirus, 1985.
    ___. *Construção Coletiva do Conhecimento Através do Psicodrama*. Campinas, Ágora, 1990.
12. SCHÜTZEMBERGER, A. A. *Introduction au Jeu de Rôle*. Toulouse, Privat, 1975.

8. Jogo, a aventura da terceira idade

*Laura Maria de Castilho Dias**

Neste artigo pretendo relatar parte de uma experiência com um grupo de idosos, de periferia, que descobriu, através da atividade lúdica, a possibilidade de reformulação do autoconceito e, conseqüentemente, uma nova forma de atuação no contexto social.

Em primeiro lugar, desenvolvo algumas considerações que caracterizam o indivíduo "idoso", ou "velho", ou da "terceira idade", expressões que determinam um processo, que caracterizam um determinado momento da vida dos indivíduos.

Num segundo momento, apresento a prática dos jogos com um grupo, finalizando com algumas reflexões sobre a importante contribuição que os jogos tiveram para aquelas pessoas que acreditavam ter perdido o direito de jogar papéis novos, de apresentar um comportamento não esperado pela sociedade e família, já que vivemos em uma sociedade onde o valor é a produção, e os velhos enfrentam um processo de desvalorização, uma vez que não mais produzem.

E o que é ser velho?

Velhice, ou idoso, ou terceira idade, normalmente é definido, em princípio, pela idade cronológica, o que facilita a identificação de uma categoria de indivíduos.

A Sociedade Brasileira de Geriatria e Gerontologia define a terceira idade cronologicamente, estabelecendo sessenta anos. Esta idade

---

* Psicóloga, psicodramatista, terapeuta de alunos pela FEBRAP no IPPGC-Campinas.

97

é definida regionalmente, considerando-se as grandes diferenças como o marco socioeconômico e cultural existente em nosso país.

No entanto, trata-se de uma definição muito simples para uma realidade tão complexa; uma vez que envolve um processo que inclui os aspectos sociais, biológicos e psicológicos "(...) o envelhecimento é, então, não somente um "momento" na vida de um indivíduo, mas um 'processo' extremamente complexo, que tem implicações tanto para a pessoa que o vivencia, como para a sociedade que o assiste, suporta e promove".[2]

Semelhante ao adolescente, o idoso sofre uma crise de identidade, decorrente simultaneamente de transformações biológicas e da percepção que a sociedade constrói destes indivíduos. Por exemplo, como "aquele que já está na hora de descansar".

Não que a adolescência esteja isenta de discriminações, mas os adolescentes são encarados como perspectiva de futuro, de esperança, quanto ao idoso, nos lembra Tfauni.[7]

"A moral vigente prega o 'respeito ao idoso' mas, ao mesmo tempo, quer convencê-lo a ceder seu lugar ao jovem, afastando-o delicadamente mas firmemente de vários cargos, que ele poupe seus conselhos aos outros e se resigne a um papel passivo."

Na verdade, a impressão que se tem é a de que a nossa sociedade e o processo de envelhecimento são incompatíveis — de um lado, a sociedade continua o seu desenvolvimento tecnológico, sofre rápidas tranformações, produz e consome. Do outro lado, o indivíduo que envelhece sedimenta não só sua história, como também a do seu grupo. Pelo próprio desaceleramento físico, algumas vezes apresenta dificuldades em sua capacidade adaptativa, apresentando um ritmo mais lento do que aquele exigido pela sociedade.

Sobre esse aspecto, Ecléa Bosi[1] aborda muito bem a opressão a que a sociedade submete o indivíduo idoso:

"Oprime-se o velho por intermédio de mecanismos institucionais visíveis (a burocracia da aposentadoria e dos asilos), por mecanismos psicológicos sutis e quase invisíveis (a tutelagem, a recusa do diálogo e da reciprocidade que forçam o velho a comportamentos repetitivos e monótonos, a tutelagem de má-fé, que na realidade é banimento e discriminação), por mecanismos científicos (as 'pesquisas' que demonstram a incapacidade e a incompetência social do velho) e por mecanismos técnicos (as próteses e a precariedade existencial daqueles que não podem adquiri-las)."

Diante das idealizações e de tais preconceitos que estão interligados com a dinâmica de desempenho e desativação de papéis, o indivíduo que envelhece define-se por uma sucessão de perdas, comparando seu estado do momento com a sua juventude, ou com a juventude que ele assiste no momento.

De certo modo são essas imagens que o levam a internalizar o preconceito que compromete sua auto-imagem, adicionando-se a isso o despreparo para enfrentar o momento de desativação do papel profissional (aposentadoria), que para muitos, até então, era o sentido de sua vida.

Além desse despreparo para a desativação do papel profissional, desempenhado durante muitos anos, vamos encontrar também um despreparo para aprender e desempenhar novos papéis, e, conseqüentemente, reintegrar-se à sociedade, ou mesmo somente na família, responsabilizando-se e sendo respeitado de fato, e não no "faz-de-conta", sinônimo de opressão.

Também, aliado ao despreparo, vamos encontrar a progressiva cristalização de papéis, que acompanha o desenvolvimento do indivíduo, que vai comprometendo, ao longo dos anos, a espontaneidade e a criatividade.

Cabe lembrar ainda que os velhos de hoje nasceram e se desenvolveram em um período em que a livre expressão era o fruto proibido, onde as respostas, normalmente, eram determinadas pelo contexto social. Por exemplo, os casamentos arranjados, as noções de obrigação nas relações amorosas, etc., Fraiman[2] aborda com muita clareza essas questões em sua obra.

Logo, estamos nos referindo a uma geração que, em sua maioria, desempenha papéis de acordo com os outros, muitas vezes em desacordo consigo mesmo.

Penso que o trabalho com a terceira idade deve ter como meta: levar o indivíduo a retomar seu referencial interno, onde moram seus desejos e sonhos, permitir a apreciação dos mesmos, levando-os a uma maior motivação para a vida (evitando fixarem-se somente na sobrevida) e, conseqüentemente, ativar seu potencial, obscurecidos pelas tradições, evitando assim uma desintegração social e pessoal.

Uma vez feitas as considerações teóricas acerca do envelhecimento, passo para o segundo objetivo deste trabalho que é o da prática com os jogos.

Antes da descrição da prática, cabe uma breve caracterização localizando o grupo e o projeto que o assistiu.

Tratou-se de um grupo de periferia, com a participação média de treze a quinze pessoas, faixa etária de cinqüenta e oito a setenta e quatro anos, nível socioeconômico e cultural baixo, passivos, um grupo desintegrado, demonstrando um autoconceito negativo, tanto em nível individual quanto grupal e, muitos deles, com uma história de muita submissão.

O projeto que norteava o trabalho com o grupo tinha como objetivo tornar os idosos mais integrados à comunidade, bem como ter sua participação valorizada e respeitada pela mesma, conquista que seria feita pelo próprio idoso, uma vez que este iria à luta por seus direitos.

Antes de iniciar a exposição dos dois exemplos, cabe observar que foi mantida a linguagem falada pelos idosos.

Primeiro exemplo

A atividade foi um teatro espontâneo que teve como objetivo: propiciar condições ao grupo para viver a liberdade de experimentar diferentes papéis. Trata-se de um jogo de Improviso.[6]

Diretora: — Proponho uma atividade diferente das que vocês já fizeram. Mas vocês são livres para aceitarem ou não. Proponho que o grupo faça um teatro e cada um pode ser o que quiser. Vocês tanto podem ser personagens como podem ser objetos que fazem parte do cenário. Não precisam se preocupar com o absurdo. Aqui ele é bem-vindo. Fica determinado que o centro do círculo onde estamos será o lugar do palco.

Então, o grupo quer fazer isso?

Zita: — Poderíamos tentar pra ver o que é que dá.

O grupo concorda.

Diretora: — Então, quando os personagens aparecerem, podem começar. E podemos montar o cenário a partir deles.

Zita: — Não sei o que vamos pôr aí, se vamos pôr um asilo ou um baile.

Diretora: — Deixe que os personagens apareçam e aí a gente vai ver o que vai acontecer.

Joaquina: — A gente pode dar nome para o teatro e depois os personagens iam aparecendo e a gente montava o cenário.

Diretora: — Então a gente tem duas possibilidades: A de darmos um nome e fazermos o teatro ou a de fazermos o teatro sem nome, e o nome viria quando tivéssemos os personagens. Joaquina começa a montar o cenário.

— Aí no meio tem um tapete redondo, e lá atrás, fora do cenário, tem uma orquestra tocando.

Zita: — Eu acho que deveríamos pôr dois ramalhetes de flor ali, no cenário, para enfeitar. Os ramalhetes poderiam ser as duas crianças que estão nos visitando hoje.

As crianças concordam e são colocadas uma ao lado da outra, em duas cadeiras, no mesmo plano do contexto grupal, destacando-se apenas pelos posicionamentos das cadeiras.

Diretor: — Então temos um tapete redondo no centro, uma orquestra tocando lá atrás (aponta um dos cantos da sala fora do círculo do grupo) e dois ramalhetes de flor enfeitando.

Estela se levanta, apanha uma sacola que se encontra sobre uma cadeira, dirige-se à Zita dizendo:

— Comadre, vamos à feira?

Puxa Zita, que se levanta, dão-se os braços, e saem andando em volta do círculo, param diante de algumas pessoas, que se encontram no auditório, sugerindo, pelo menos para elas, as bancas da feira.

Zita: — Olha que tomates lindos, olha, essa verdura está uma beleza!

Ambas movimentam os braços como se estivessem pegando e escolhendo as verduras.

Vão caminhando e Estela começa a falar:

— Ela mais parece que está pedindo esmola do que está na feira. Parece que está virando; Vamo gente, vamo enchê o saco do pobre. Quem qué enchê o saco do pobre?

Nesse momento todo o grupo ri, quando Estela e Zita passam diante dos demais, fazendo movimento com os braços, como se estivessem colocando coisas dentro da sacola.

Estela e Zita aproximam-se das flores e conversam com elas:

— Que flores que vocês são?

Uma das crianças diz que é rosa, a outra que é margarida.

— Vocês são muito bonitas mas custam muito caro.

Amélia se levanta e diz:

— Tô dançando na feira. Quem qué dançá comigo?

O grupo comenta:

— Mas você está dançando na feira?

Lúcia e Rita levantam-se ao mesmo tempo, dão-se os braços e dizem:

— Nós vamos passear na feira.

Neste momento, Páscoa, que se encontra no auditório, diz que não entra porque não sabe fazer nada.

Joaquina se levanta e diz:

— Eu sou costureira.

O grupo comenta:

— Mas você vai costurar na feira?

Joaquina: — Eu tenho uma loja, uma butique perto da feira. Quem qué comprá vestido bonito?

Enquanto fala, balança um casaco com os braços levantados.

Zita e Estela saem do centro do cenário, colocam-se de lado e, quando alguém do grupo volta-se para elas, Estela diz:

— Eu e ela tava no muro fazendo fofoca.

Páscoa, que havia dito que não sabia fazer nada, com a aproximação de Lúcia, abre os braços e diz:

— Então eu tenho uma banca de ovos.

Imediatamente Lúcia chega bem perto de Páscoa e diz:

— Quanto custa a dúzia deste aqui?

— Noventa cruzeiros, dona.

— Mas, que caro!

— É o preço, dona. (Responde séria e com uma expressão de preocupação.)

O grupo ri com a seriedade da resposta e comenta:

— Ela levou a sério a coisa.

Páscoa responde:

— Mas é este mesmo o preço do ovo; vai na feira prá senhora vê.

Pouco a pouco, enquanto a dona da banca de ovos discute o preço com o grupo, os participantes voltam rindo para seus lugares, fazendo comentários:

— Ela precisava convencer a freguesa do preço do ovo; parecia mesmo que tinha que convencer.

— A outra com a sacola estava engraçada.

Diretora: — Agora já acabou a feira. Vamos voltar aqui para o nosso salão e vamos comentar.

Rindo muito Joaquina coloca:

— Eu gostei muito! Eu comprei bastante coisa na feira; vendi até um vestido de noiva.

Estas mulheres são muito limitadas quanto à diversidade de papéis que desempenham, uma vez que dedicam-se aos afazeres domésticos durante todo o tempo, e algumas tentaram aventurar-se a desempenhar papéis, como o de vendedora, de dona de loja, podendo vivenciar, assim, um ensaio, no que diz respeito à participação na comunidade, desempenhando um papel não-usual, que poderia existir há muito tempo no nível da fantasia e do desejo, concretizado no contexto protegido.

O jogo de improviso permitiu a essas mulheres a aventura do sonho que mais tarde poderia tornar-se real, com o desempenho de um novo papel, como o que era esperado, como meta final do projeto que assistia ao grupo, o papel de participante na comunidade, de lutadores por seu interesse.

Alguns jogos de improviso prepararam o grupo para o desenvolvimento de um papel novo e da autoconfiança, até que este seja capaz de viver um jogo dramático.

Segundo exemplo

Às vésperas de uma reunião com a Associação dos Idosos de Campinas e a LBA, que aconteceria na sede da LBA, o grupo solicitou:

— Queremos fazer um teatro para a gente ensaiar o que a gente vai falar na reunião. A gente sabe o que tem que fazer e até o que tem que dizer, mas se a gente pudesse fazer de conta que a gente tava lá, podia ver melhor como fazer.

Com o objetivo de: jogar o papel de "participante na comunidade para assuntos referentes aos interesses dos idosos" o grupo encenou um teatro espontâneo (um jogo dramático), jogando e criando neste papel.

Diretora: — Vocês me pediram para fazer um teatro, como se estivessem na reunião da LBA. Muito bem; vamos ficar um pouco quietos e vamos pensar que estamos indo para uma reunião e que temos coisas para dizer, que são muito importantes, não somente para cada um de vocês, mas para os idosos em geral. O que a gente falar vai ser uma representação do grupo a que vocês pertencem. Como estamos indo, com que postura física, com que roupa e com que motivação para falar.

Aguardo uns minutos e sigo:

— Agora vamos começando a pensar que temos que construir o nosso cenário. Como podemos construí-lo aqui?

Estela: — Ali perto da janela podia ser o local onde o pessoal da diretoria do negócio fosse ficar.

Amélia e Ada levantam-se e ajudam Estela a colocar algumas cadeiras, uma ao lado da outra, em linha reta.

Lúcia: — Estou nervosa, até parece que eu vou agorinha mesmo para a reunião de verdade. Me dá até um frio na barriga.

Olinda: — Ah! Vocês também! Imagina se precisa ter frio na barriga pra falar desta gente safada que nos deixa nesta situação tão ruim, depois que a gente fica velho.

Orestes: — Acho que já sei o que vou falar.

Diretora: — Bem, vocês já encontraram no cenário o lugar do pessoal da diretoria. E os demais, os que vão indo levar suas declarações e queixas, onde vão ficar?

Rita: — Pra variar, a gente tá lá fora em fila, esperando a vez.

Narciso: — Não; vocês já esqueceram que lá é um salão grande, onde um monte de velho se reúne para um monte de coisas?

Ada: — É mesmo. Então a gente marca este outro canto para ser o salão. A gente coloca umas cadeiras em fila e quem for reclamar fica sentado lá.

O salão ficou determinado no canto oposto ao da janela.
Zita: — Então vamo começá. Quem é que vai ser diretoria e quem é que vai reclamá?
Olinda: — Eu sou a presidente. Podem me procurar e eu estarei aqui para resolver todos os problemas de vocês.
Levanta-se de sua cadeira e, vagarosamente, dirige-se para o palco e senta-se numa das cadeiras.
Orestes: — Eu sou do povo e vou reclamar pelo povo.
Diretora: — E como é que o senhor se chama?
Orestes: — Eu me chamo João.
Páscoa: — Eu também quero ir lá falar dos nossos problemas. E o meu nome é Maria.
Zita: — Eu também quero ficar aqui fora para reclamar, eu tenho muito para falar, e meu nome é Angélica.
Narciso: — Eu também quero ir reclamar. Meu nome é José.
Nair: — Eu sou da diretoria como a dona Olinda. Eu sou a Rosa.
Olinda: — Eu e a Nair já dá, aqui na diretoria. Eu ainda não falei meu nome, é Terezinha. Acho que o resto do pessoal tem que ficar do lado de lá para treinar bastante. Também lá vai ter gente de todos os grupos, e vocês podem representar.
Diretora: — Então, o que vocês acham, concordam com Olinda?
Joaquina: — Acho que sim, porque a gente precisa treinar mesmo até para a gente poder escolher quem fala melhor pela gente. Afinal, é a primeira vez que este grupo vai ter alguém representando, que até agora a gente só ficava morrendo de medo de ir falar alguma coisa.
Todos concordam e a atividade prossegue. Já estão posicionados no salão da LBA, João, Maria e José.
Joaquina: — Eu me chamo Anita.
Ada: — Eu me chamo Lourdes.
Lúcia: — Eu sou a Clarice e vim representar o meu grupo.
Estela: — Eu me chamo Glória, e estou aqui com uns inscritos do que o pessoal do meu grupo precisa, com mais urgência.
Maria: — É um bonito nome o seu. Eu acho que você pensou bem. Amanhã é o dia da Glória, onde esse grupo vai falá coisas da gente.
Diretora: — Bem gente, são duas horas, hoje é quinta-feira e a diretoria está pronta para ouvir as pessoas.
Terezinha e Rosa se levantam e uma delas diz:
Terezinha: — Nós estamos aqui, em nome da diretoria dos Idosos, para ouvir vocês e depois levar o que for importante para os nossos assistentes.
Rosa: — Podem começar.

O grupo todo ri, pois Terezinha faz caretas e gestos engraçados com os braços.
Rosa: — É melhor vir um de cada vez.
Diretora: — Seria bom que cada um dissesse que grupo representa.
Observação: Os grupos são reconhecidos pelos nomes dos bairros de onde vêm.
— Eu sou João, e represento o grupo do Jardim Olinda. Temos muitos problemas no bairro, mas o pior deles é o dos velhos não terem um lugar para se reunir, e até para isso a gente tem que se virar. A gente precisa se reunir, para poder saber o problema de todos.
— Eu sou Maria, dona. Eu sou pobre e a nossa aposentadoria é muito ruim. Eu sou do grupo do São Fernando, e eu vim aqui porque os velhos precisam de dinheiro até pra condução. A gente devia ou ganhá mais, ou tê passagem de graça.
— É, a dona Maria tem razão; a gente sabe que é urgente esse problema é a gente sabe que tá em estudo o jeito de resolver esse problema. — É o que diz Clarisse muito entusiasmada.
Angélica: — Eu acho que a gente precisa falá do problema com o INPS. Este sim é muito grave.
Glória: — Eu sou do grupo da igreja. Eu venho com algumas coisas escritas, porque sabem, a memória da gente é fogo. Mas, eu tenho um monte de coisas pra falá, de coisas que não são só um problema do grupo, mas de outros velhos que não vêm aqui. É pouco dinheiro, é família, os filhos que não têm paciência e nem, às vezes, cuidam dos pais. Tem muito velho jogado por aí. E a gente, tem coisa pra falá uma hora.
Todos a aplaudem, platéia e personagens.
— Muito bem, a gente precisa de gente assim como a senhora, que vai falá tudo o que a gente tem que falá. Viva a dona Glória!
Os comentários se confundem, e não é possível identificar quem os faz. Dois a três falam ao mesmo tempo, mas todos muito ligados no tema.
Glória se levanta com uma expressão séria, levanta uma folha de papel, como se ela tivesse escrito algo, e antes de iniciar sua fala é interrompida pelo grupo que começa a rir e a comentar:
— Ela parece mesmo a presidente do grupo. Dá até pra pensá que é só ela que tem coisa pra falá. Tá muito engraçada toda esta pompa. Tamo achando que ela quer ir amanhã. Ela tá firme.
Glória, que já foi se transformando em Estela, disse:
— Se o grupo qué, eu vô. Mas, acho que tem que ir mais gente.
E num instante os personagens foram saindo de cena e voltando-se para a discussão de quem seria o representante, e que posições e queixas do grupo iriam na lista da Glória, que foi difícil sair do papel.

A discussão fluiu aquecida e rica, muitas idéias foram se completando para o posicionamento dos representantes.

A alegria do aprendizado, o sabor da conquista contagiava a todos, grupo e direção. Aquele grupo que sempre foi omisso, agora era representado, e tinha um espaço nas atividades intergrupais que eram programadas. Naquele ano o grupo teve um representante na comissão organizadora da festa de confraternização no final do ano, na sede da LBA.

Apresentadas as duas práticas de jogos com o grupo, seguem-se reflexões acerca destas; da utilização dos jogos com o indivíduo idoso, objetivando o desenvolvimento de um papel, e as conseqüentes reformulações a partir destas aquisições, e das transformações de papéis antigos.

Inicialmente detenho-me na seguinte afirmação: "... para o indivíduo adulto e responsável o jogo é uma função que facilmente poderia ser dispensado, é algo supérfluo".[4]

Então, o indivíduo idoso, aparentemente bem adaptado, pode prescindir da atividade lúdica para *sobreviver*, como o adulto citado por Huizinga?

Mas, quando o indivíduo experimenta o jogo, é que percebe o efeito mágico desta "Vitamina" (Jogo), que tem como componentes Liberdade, Alegria, Energia, Seriedade, Prazer, Espaço para o Sonho, e outros componentes de igual importância, que, com a função de propiciar um relativo relaxamento das tensões, garante a saúde da boa integração.

A "Vitamina" (Jogo) pode levar a um grau de excitação e envolvimento, que vai facilitar ao idoso a desobstrução, pelo menos em parte, de seu potencial, descongestionando a espontaneidade criadora, quebrando homeopaticamente os "cristais nos papéis", permitindo a recriação destes papéis, abrindo espaço para o desenvolvimento de outros, levando-o à reintegração.

Sendo assim, a inclusão da atividade lúdica nos trabalhos com grupos de idosos seria levá-los a pensar em *viver*.

Retomando o que foi descrito acima, no qual observou-se parte do processo de desenvolvimento de um papel e considerando que cada uma das fases do desenvolvimento é marcada pela prática de um determinado tipo de Jogo[6], percorreu-se o seguinte trajeto.

O grupo foi submetido aos jogos de percepção e iniciação, num momento marcado pela desintegração, pelo caótico, pela idéia de ser um grupo reunido somente para ocupar o tempo que os levava a se perceberem como os que não sabiam fazer nada, além daquilo que apresentavam no momento.

Necessitavam ampliar seus limites, tanto no que se refere à expressão corporal, quanto verbal. Demonstravam a insatisfação diante destes limites, com frases do tipo:

— A gente não pode fazer nada; mas também a gente é velho; a gente nem estudou. A gente tem mais é que vim aqui tomar lanche e dar umas risadas para passar o tempo.

A atividade lúdica possibilitaria inicialmente a esse grupo a percepção do "eu", do "tu", e do grupo, e finalmente a localização deste grupo no contexto social. A partir daí, trabalhar-se-iam as possibilidades de atuação neste contexto.

O contexto protegido para a liberação da expressão e a garantia de que o jogo é um caminho que tem ida e volta permitiu a estes idosos a concretização de sonhos que se tornaram agentes de transformação. Por exemplo, a dona da loja, do primeiro exemplo, que vendeu vestido e mais tarde muito contribuiu durante as discussões do grupo.

Do mesmo modo que a criança e o adolescente utilizam-se da atividade lúdica, com a finalidade de jogarem papéis de responsabilidade que deverão desempenhar na vida adulta, o idoso, que enfrenta um processo de mudanças em suas condições físicas e psicológicas, encontraria, nesta modalidade de atividades, seu referencial. A partir daí, poderia retomar suas possibilidades de desempenho de papéis, assumindo responsabilidade, e sendo respeitado de fato, tanto pela família quanto pela sociedade, uma vez que estes estariam atuando de acordo com suas possibilidades reais.

Quanto aos comentários acerca da experiência com o grupo, nos jogos que se seguiram, o papel de "Participante na comunidade para assuntos referentes aos interesses dos idosos" foi caracterizando-se, bem como a noção de responsabilidade, em nível individual e grupal.

As atividades que ilustram este artigo mostram dois momentos de evolução do trabalho com o grupo. O primeiro exemplo traz um Jogo de Improviso, no qual ocorre a representação de papéis, mas não se verifica a resolução dramática. Já no segundo exemplo, ocorre um Jogo Dramático, uma vez que existe um determinado papel em jogo, que se apresenta com conhecimento prévio do grupo, e se conclui com a resolução dramática.

No primeiro exemplo, a representação da participação na comunidade, com o desempenho de papéis de responsabilidade, surge através das personagens donas de banca de feira, costureira, dona de loja e vendedora.

Alguns personagens (os que vão dançar na feira) ainda testam os limites de aceitação naquele contexto. Uma vez que foram aceitos, sentiram-se encorajados a manifestarem-se mais livremente em outros momentos.

A liberdade que o jogo propicia de expressar o absurdo fez com que se desenvolvesse neste grupo, que tem tanta dificuldade de expressão, um nível de envolvimento que estimulou muitos dos participantes. O risco de se mostrarem através dos personagens e posteriormente fora daquele contexto tornou possível verem através da resposta do outro a sua atuação.

Já no segundo exemplo, o papel em jogo se encontra definido. Existe uma meta: jogar o papel de "participante na comunidade para assuntos referentes aos interesses dos idosos" com a finalidade de experimentá-lo, de ter um espaço para o grupo criar a forma que o caracterizaria no momento real de participação.

Ainda nesta atividade verificou-se a escolha sociométrica dos representantes do grupo, que manifestaram o desejo (personagens Glória e João) e foram aceitos.

O grupo, de maneira lúdica, criou o seu projeto e chegou à clareza de definir as questões que os representantes levariam para a reunião, bem como da escolha daqueles que seriam representantes. É que passaram da atividade lúdica para a discussão real de tal modo que pareciam estar jogando como eles mesmos. Além de decidirem o que seria falado, descreveram algumas características para o representante:

— Tem que ir bem arrumado. Tem que falar alto e direito.

Pareciam sentir-se mais livres para expressar suas idéias, e o que é mais importante, fora do contexto do jogo. Transformaram-se de pacientes em agentes, certamente em função da conquista da reformulação do autoconceito, individual e grupal.

A proposta da atividade lúdica para o idoso não deve nortear-se no preenchimento de seu tempo livre, com atividades alegres, para que este se esqueça, pelo menos por uns momentos, da tristeza de ser velho.

A utilização do jogo nos trabalhos com grupos de terceira idade deve ser uma tentativa de estabelecer uma comunicação, na linguagem do sonho, da imaginação e da expressão do desejo, muitas vezes considerados perdidos pelos idosos.

Mas, como coloca Monteiro[5]: "É importante, pois, que o indivíduo queira jogar e esteja disponível para o jogo, para que não perca toda a sua seriedade, o seu valor espontâneo e criativo. Porque é em tal fato que reside sua liberdade".

Jogar com o idoso é acreditar que durante toda a vida o indivíduo pode estar apto a reformulações, ou reabilitar-se para tanto; é crer, como Moreno, que a vida é uma aventura que nunca termina.

Jogar com o idoso pode também significar a oportunidade de detectar os preconceitos do profissional que dirige esta atividade, uma vez que este, provavelmente, ainda não viveu a experiência deste momento de vida, bem como de todo o processo, vulnerável aos preconceitos transmitidos pelos próprios idosos e pela sociedade.

Muitas vezes, estes preconceitos se escancaram ao programar-se uma atividade dirigida à terceira idade. O profissional despreparado pode encontrar muitas dificuldades.

Penso que também aquele que pretende dedicar-se a esta área deve jogar com a velhice que está dentro de si, e com as emoções que esta condição mobiliza, objetivando o enfrentamento dos temores e dos preconceitos internalizados.

Acredito que o jogo está para o bom andamento dos trabalhos com a terceira idade, assim como o sol para a fotossíntese das plantas, que lhes dá coloração.

Pergunta da organizadora: A descrição dos jogos nos dois exemplos apresentados mostra cenas do dia-a-dia dos idosos. Os jogos com grupos de terceira idade se desenvolvem sempre assim? Seria como viver uma saudade do que já passou?

Resposta: As vivências de jogos com grupos de terceira idade têm-se caracterizado pela representação de cenas do dia-a-dia dos idosos, e é a partir destas cenas que se abre o espaço para a exteriorização de fantasias e desejos, que vão contribuir para a transformação e a elaboração daquela realidade apresentada no momento do jogo.

A resistência à exteriorização de fantasias e desejos no contexto dramático é grande. Então, como quem lida com um elemento químico perigoso, o idoso vai jogando aos poucos suas fantasias e desejos nas cenas representadas, testando seus limites e a aceitação do próprio grupo. Conseqüentemente, todo o grupo se fortalece para experimentar no contexto social o que foi vivido nos contextos dramáticos e grupal.

A saudade do que já passou não aparece em cena. Esta é manifesta quando o grupo percebe a possibilidade de reformulação que o jogo propicia, e principalmente porque o próprio grupo se vê como agente nesta reformulação.

Quando o grupo se envolve, como o que encontramos nos dois exemplos que ilustram o texto apresentado, e quando este grupo sabe com que finalidade está jogando, escolhe fazê-lo, o que normalmente ocorre é o querer experimentar o novo, aquilo que nunca viveu.

Referências Bibliográficas

1. Bosi, Ecléa. *Lembranças de Velhos*. São Paulo, T. A. Queiroz, 1979.
2. Fraiman, Ana Perwin. *Coisas da Idade*. São Paulo, Hermes Editora e Informação Ltda, 1988.
3. _____. *Sexo e Afeto na terceira idade*. São Paulo, Gente, 1994.
4. Huizinga, Johan. *Homo Ludens*. São Paulo, Perspectiva, 1990.
5. Monteiro, Regina F. *Jogos Dramáticos*. São Paulo, McGraw-Hill do Brasil, 1979.
6. Motta, Júlia M. C. *Jogos: Repetição ou Criação? Abordagem Psicodramática*. São Paulo, Plexus, 1994.
7. Tfauni, Dirce Fátima Vieira. "Uma Contribuição ao Psicodrama com Idosos". São Paulo, Instituto Sedes Sapientiae, trabalho para credenciamento como terapeuta de alunos (inédito), 1994.

9. Jogo em espaço aberto

*Rosane A. Rodrigues**

> *"Historicamente o psicodrama se origina dos princípios do jogo. A brincadeira sempre existiu, é mais velha que a humanidade, acompanhou a vida do organismo vivo como uma manifestação de exuberância, nível precursor de seu crescimento e desenvolvimento."*
>
> J. L. Moreno

A experiência descrita neste capítulo e sua articulação teórica nasceram a partir de uma inquietação particular, como professora de Jogos Dramáticos: Qual a forma mais efetiva e contundente para facilitar ao aluno adquirir a desenvoltura exigida para o papel de psicodramatista? A expressão consagrada do "jogo de cintura" é a que mais se aproxima ao que me refiro. Como tornar mais suave e breve, para o psicodramatista em formação, o caminho desde o *role-learning*, passando pelo *role-taking*, *role-playing* até chegar ao *role-creating*[1]?

Gostaria que meus alunos se apegassem menos a um repertório de Jogos Dramáticos e reinventassem jogos a partir do referencial psicodramático. Não me recuso a oferecer um modelo, mas ambiciono apostar na criatividade destes terapeutas e professores.

Pensando nesta questão, e fundamentada em minhas incursões pelas artes cênicas, tenho realizado experiências intensas de quebra com o espaço fechado e sagrado dos consultórios e salas de aula. Incursões estas que resgatam os primórdios do trabalho de Jacob L. Moreno, pai do Psicodrama, no princípio do século[2]. Também me inspirei em meus estudos sobre a *Commedia Dell'Arte*, importante movimento teatral ocorrido na Itália nos séculos XVI e XVII[3].

Augusto Boal realizou experiências semelhantes entre os anos 60 e 70. Contudo, como muitas vezes não contava com o consentimento do público para jogar junto, corria o risco de se caracterizar

---

* Psicoterapeuta e psicodramatista, professora de jogos dramáticos em cursos de formação em psicodrama, mestre em Artes Cênicas pela ECA/USP, atriz do Grupo Reprise.

como uma brincadeira de mau gosto — à semelhança das pegadinhas que Silvio Santos e Faustão tanto gostam de fazer, parodiando outros programas televisivos estrangeiros, tal como o *Candid Camera*.

Busco com este trabalho um contato com o público, através de jogos e do senso de humor. Conto, para isto, com a persuasão da equipe que lidero, procurando não tolher de nenhuma forma a liberdade do público de entrar ou não no jogo.

Escolhi uma destas experiências para exemplificar este trabalho. Antes, porém, gostaria de explanar alguns conceitos básicos que me orientam em relação a Jogos de forma geral. Ressalto também que minha formação em Psicodrama e Teatro modelam e modulam estes conceitos.

Conceitos básicos

As bases para o funcionamento adequado de um jogo assentam-se sobre um tripé constituído por: *Expressão do Prazer, Acordo e Vigência*.

A *Expressão do Prazer* diz respeito ao objetivo primordial do jogo. Criar e manter um nível reduzido de tensão, permitir a liberdade de criação e a descoberta de novas formas de conduta, descristalizando assim padrões repetitivos e sem viço. Portanto, um jogo se inicia e se mantém enquanto o prazer em se expressar supera a tensão, maior ou menor, que ele envolve. Na coordenação de um profissional, que faz uso de jogo, podem existir outras metas a serem atingidas, tais como seleção, treinamento de funções e papéis, desenvolvimento de criatividade, aquecimento para outra atividade, etc. Contudo, nada disto pode ser conquistado se a posição de destaque não for o prazer da espontaneidade.

Roger Caillois[4] classifica os jogos em quatro tipos, que se entremeiam segundo a predominância da fonte de prazer:

1. **Jogos de habilidades**: O prazer advém do desenvolvimento de aptidões, ou habilidades;

2. **Jogos de competição**: O prazer se origina da luta por um prêmio, que pode ser somente a vitória;

3. **Jogos de acaso (azar)**: O prazer originário da casualidade;

4. **Jogos dramáticos**: O prazer se dá através do faz-de-conta, da representação.

Para um psicodramatista, o quarto tipo se constitui num instrumento bastante importante, embora possa e efetivamente se valha de outros tipos de jogos, que não somente os dramáticos.

O *Acordo* pressupõe o consentimento mútuo do objeto e modo do jogo. Para que haja jogo é necessário que todos saibam que vão jogar, o que se vai jogar, e como. O foco e as regras devem ser claramente definidos, a fim de que todos os participantes possam se entregar intensamente à atividade. O acordo inclui também — na maior parte das vezes implicitamente — que o jogo tenha um início e um final.

A *Vigência* diz respeito à duração do jogo. A energia criativa para jogar tem um tempo ótimo de expressão. A sensação de desconforto num jogo freqüentemente se origina de um descompasso com o tempo, por exemplo: pode gerar irritação por tensões que superam a expressão do prazer; ou mesmo frustração com um final prematuro do jogo. O final pode ser determinado pelas próprias regras (objetivo atingido ou tempo determinado anteriormente), por casualidade (interrupções imprevistas) ou porque o jogo mesmo atingiu seu tempo ótimo, que é mais o caso dos jogos dramáticos.

Portanto, alguém está jogando quando concordou com outrem, ou consigo mesmo (no caso de jogar sozinho), que se divertiria desenvolvendo determinada atividade por determinado tempo. Se houver um elemento, sob o qual o grupo reflita sua expectativa de liderança, é possível que se delegue a este o balizamento das regras do jogo. Isto freqüentemente acontece quando um profissional se utiliza de jogos como recurso prático.

A utilização dos jogos como ferramenta de trabalho não é privilégio dos psicodramatistas, pois os jogos, de todos os tipos, são muito anteriores ao surgimento do Psicodrama. Sugiro ao leitor interessado neste histórico a leitura do texto de Courtney[5]. Considero, porém, que o Psicodrama colaborou para o desenvolvimento dos jogos, principalmente os dramáticos, instrumentalizando sua utilização e enriquecendo seu repertório[6].

Os jogos são utilizados na primeira etapa de uma sessão de Psicodrama como aquecimento para a dramatização; no final, para facilitar a elaboração verbal ou desaquecer da vivência intensa da dramatização; ou ainda como vivência integral de uma sessão.

A dramatização tem lugar em um contexto denominado dramático, destacado do contexto grupal e do social[7]. À situação especial onde se dá o jogo, *Expressão do Prazer*, *Acordo* e *Vigência*, permito-me designar de Contexto Lúdico.

Este contexto se assemelha muito ao dramático, com a diferença de que o primeiro busca predominantemente o prazer e o segundo tem no conflito sua base. Daí decorrem diferenças também entre o jogo e a dramatização, no que tange a:

• protagonista[8]: Na dramatização, preferencialmente, é o protagonista quem organiza a cena. No caso do jogo é preferível que

não se destaque nenhum elemento, a não ser que a própria regra do jogo coloque alguém em evidência;
• espaço de representação/espaço da platéia: na dramatização o ideal é termos pelo menos um elemento que fique de fora da dramatização. A platéia é uma caixa de ressonância fundamental para a terceira fase de uma sessão de Psicodrama — fase da elaboração verbal do vivenciado. No caso do jogo é melhor que ninguém fique de fora. Nada é mais perturbador para o contexto lúdico do que o "desmancha-prazeres" (o que não quer participar e ostenta atitude destrutiva em relação à atividade);
• combate: A dramatização se desenvolve tendo como base o conflito, para explicitá-lo e permitir a fluência da espontaneidade. Já o jogo se desenvolve apenas e tão-somente em campo relaxado e com baixo nível de tensão;

Considero, finalmente, que entre o contexto dramático e o lúdico, embora ambos se constituam em um faz-de-conta e na mobilização de papéis psicodramáticos, exista uma diferenciação de resistência[9]. Explico: as interferências eventuais, principalmente do contexto social no "como se" da dramatização, são mais fortemente sentidas. O contexto dramático é mais delicado e mais fácil de ser rompido do que o contexto lúdico.

A dramatização possui, tal como um espetáculo teatral, um enredo, norteado por um conflito principal e outros secundários. Uma história está sendo contada enquanto se dramatiza, ainda que às vezes não aparente um formato de carpintaria dramatúrgica. O jogo, por sua vez, vai formando uma história durante a própria atividade, que praticamente nasce no momento lúdico e é composta de muitas partes independentes. Portanto, a dramatização tolera muito menos uma interrupção em seu encadeamento de ações do que o jogo.

O contexto lúdico permite a expansão para espaços menos sagrados e em movimento disperso. Difere também dos sociodramas públicos, pela concentração deste em uma única atividade. O jogo na rua pode constelar um grupo que, num determinado momento, joga junto com o público, porém, em outro momento, vários jogos se realizam concomitantemente, cada qual coordenado por diferentes membros da mesma equipe.

Uma experiência de jogo em espaço aberto

• *Preparação*
Convido o leitor deste artigo específico a dar um passeio comigo pelas ruas de uma cidade. Como você só vai em pensamento, pro-

ponho que descubra uma ou duas de suas características mais marcantes e que possam fazer, ou já fazem, as pessoas rirem gostosamente. Não de você, mas de aspectos seus que perderam o movimento, não têm espontaneidade. Aspectos que não correspondam à situação presente, mas às formas de agir repetitivas e sem vida. Elas também riem porque se reconhecem em você, naquilo em que nelas também parou de se movimentar e virou conserva cultural. Quem é o fulano? É aquele gordo, que vive começando regime...ou...é aquele superorganizadinho...ou...ele é tão atrapalhado, desligado e desajeitado, que chega a ser engraçado...

Temos todos em maior ou menor grau estes padrões de comportamento, que podem ser cômicos, mesmo que para nós possam ser até trágicos, pela dificuldade de modificá-los.

Retomando o meu convite, pegue agora esta ou estas características e exagere, tentando imitar você mesmo: "...só se pode imitar dos nossos gestos o que eles têm de mecanicamente uniforme e, por isso mesmo, de estranho à nossa personalidade viva. Imitar alguém é destacar a parte do automatismo que ele deixou introduzir-se em sua pessoa. É pois, por definição mesmo, torná-lo cômico"[10].

Quando você conseguiu esboços desta imitação, acrescente a ela figurino e adereços correspondentes, até compor este personagem cômico. Você terá então o que em teatro é chamado de "a técnica do *clown*". Lembra um certo caso de Bárbara, que Moreno tratou em Viena em suas sessões de Teatro Espontâneo, onde ela exagerava suas próprias características e, por isto mesmo, ria delas depois, mudando de curso suas ações com o marido[11]. A regra deste jogo é rir do comportamento cristalizado, tornando-o objeto de prazer.

O conceito embutido aqui sobre espontaneidade é: o fazer pela segunda vez, intencionalmente, desencadeia uma transformação em um padrão desvitalizado.

Pensando nisto, no 2º semestre de 1992 propus aos meus alunos de 3º ano de Formação em Psicodrama Terapêutico que fossem para as ruas, sob a minha coordenação, jogar com pessoas estranhas. A realização desta proposta dependeria, em primeiro lugar, da minha avaliação do preparo do grupo e, depois, do consenso em participar. No meio do curso (de um semestre curricular), quando isto ficou resolvido, passamos a nos preparar para que tal aventura não virasse espontaneísmo e nem sofresse bloqueio por timidez.

Este trabalho se configurou em um grande jogo, que culminou quando saímos às ruas. A preparação foi e é normalmente composta de alguns passos:

• Jogos Dramáticos utilizados para coesão e integração do grupo. Embora na rua o trabalho seja disperso, é preciso contar com a confiança dos outros membros e de uma certa cumplicidade. Aqui introduzo um outro referencial de jogo que norteia meu trabalho. O jogo é uma maneira rápida e eficiente de desenvolver a intimidade entre as pessoas. Portanto, interfere substancialmente na rede de interrelações do grupo, ou dito em psicodramatês, na sua constelação sociométrica. Obviamente, os jogos do programa da disciplina eram combinados com esta preparação.

• Preparação do *clown*. Este trabalho visa fornecer ao agente do jogo (o aluno, no caso) um referencial do seu próprio estilo e indumentária. Tenho como objetivo também "soltar" este agente, ou seja, transformar em qualidade dramática[12] o que era antes um padrão conservado, desprovido de espontaneidade.

• Providências de ordem prática. Determinar a data, horário e local do evento; onde o grupo se reuniria; fazer a seleção e distribuição dos objetos intermediários a serem levados — sempre se joga com algo, mesmo que seja o próprio corpo[13] —; onde se dará a elaboração do vivenciado, que ocorre em duas etapas: a primeira logo depois do evento e a segunda em outro dia (respectivamente comentários ou *sharing* e processamento).

Este trabalho já havia sido realizado uma vez, portanto, eu era a única participante que tinha alguma experiência de brincar com pessoas na rua, além, obviamente, de estar com a responsabilidade da coordenação. O grupo era constituído por oito pessoas (um homem e sete mulheres), que demonstravam um grande interesse. Em sua maior parte, extremamente responsáveis e esforçadas, porém, de forma geral, pouco flexíveis. Quando nos reuníamos para a aula às 21h30 em dia de semana, estavam também cansadas, resistindo então muito pouco à tentação de entrar naquele estereótipo do aluno que se encosta na parede e espera receber o leite da professora. Além do fato de que também existia um estereótipo de jogos dramáticos, de que brincar não era coisa séria e de que o profundo não pudesse ser leve. Na verdade, jogar não é austero, nem mesmo formal, mas é muito sério. E se assim não fosse, não se obteria prazer algum, pois entregar-se à atividade é fundamental.

O grupo já era relativamente coeso e, portanto, os jogos dramáticos utilizados visaram, predominantemente, a obtenção de prazer através da expressão de espontaneidade.

Decidido que iríamos para a rua, estabelecemos que não seria em horário de aula, visto ser muito tarde. Seria num determinado domingo pela manhã e num determinado parque. Trabalhamos então o *clown* de cada um, através de jogos de auto e heteropercepção, e o resultado sinteticamente foi: a executiva, a certinha, a sensual disfarçada de freira, o meninão, a moleca, a altona dos pés pequenos e desajeitados, a hippie.

Todos prepararam suas indumentárias e adereços, dentre eles: fantasias, lenços, fantoches, etc. Os narizes vermelhos de palhaços foram usados por todos para dar uniformidade ao grupo, já que cada um se vestiria diferentemente do outro.

No domingo designado encontramo-nos em meu espaço profissional, onde dispunha de um camarim com apetrechos e fantasias. Pudemos assim completar o que faltava de figurino e, ainda, vestir uma das alunas que viajara nas últimas aulas e não tinha seu *clown* definido. Diria que seu *clown* era: a espalhafatosa.

O grupo estava excitadíssimo e amedrontado. Havia também uma frustração, pois estava garoando e não convinha ir ao parque. Resolvemos então pelo metrô, ou seja, um espaço móvel. Embora já tivesse realizado um trabalho deste tipo na passagem subterrânea de uma grande rua (R. Consolação — São Paulo), a quebra com o espaço único passou a ser uma experiência completamente nova para mim. Junto com eles também tive um pouco de medo.

Tal como qualquer jogo, fizemos um aquecimento, que foram arrumações, deslocamentos de carro até uma estação do metrô, compartilhamentos de receio ou de excitação. Pode-se considerar que as aulas anteriores já haviam mobilizado iniciadores físicos e mentais[14] importantes para o "Grande Dia".

A partir daí o nosso contexto lúdico podia ser criado e era recriado a cada contato com quem se dispusesse a jogar conosco. Foi possível propor um faz-de-conta, um "como se", para as pessoas estranhas, mesmo com o contexto social orbitando a nossa volta. A atividade do grupo, o contexto lúdico, convivia com pessoas que passavam, ligadas em outra coisa e com tudo que continuava a acontecer independente deste contexto.

- *Episódios da experiência propriamente dita*

Ressalvo que para colher este material, que não foi registrado na época, solicitei ao grupo que dele participou a reconstituição de nossas lembranças. Tomei conhecimento de alguns dos acontecimentos aqui relatados através do grupo, pois me encontrava jogando com outras pessoas naquele instante.

Este é o momento em que você pode vestir seu personagem e nos acompanhar. Como você acha que seu *clown* reagiria a estas situações?

- Na fila para comprar o bilhete convidei um rapaz para dançar e ele prometeu fazê-lo depois de comprar a passagem, e assim foi. O grupo cantarolou um Danúbio Azul enquanto dançávamos. Algumas pessoas do grupo consideram que este foi um modelo impor-

tante para que começassem a perder a vergonha de como estavam vestidos.
- Enquanto as pessoas esperavam o trem na estação, brincamos de corda imaginária e íamos colocando os estranhos no jogo. Alguns entraram gostosamente, enquanto outros assistiam intrigados.
- Já no interior do vagão, uma parte do grupo jogava uma bola imaginária, envolvendo as pessoas sentadas.
- Alguns do nosso grupo, utilizando um lenço, convidavam as pessoas a dar continuidade ao jogo de cama-de-gato[15].
- A executiva (*clown*) perguntava para as pessoas se sabiam o que significava o termo *tele*, com um objeto imitando um microfone (era uma repórter muito compenetrada, como convém ao tipo que desempenhava). E as pessoas respondiam. O grupo só se lembra de uma das respostas: a pessoa tinha certeza de que se tratava da abreviatura de televisão.
- Um homem se levantou para sair do vagão falando alto consigo mesmo: "Estão todos loucos!". Perguntei-lhe de quem falava e ele respondeu, bravo, que era quem não queria brincar conosco. E saiu porta afora, ainda alterado.
- Um bêbado, falando alto, levou o grupo a se sentir ameaçado, a ponto de resolvermos sair do vagão e entrar em outro (contexto social interferindo no contexto lúdico e provocando reorganização do contexto grupal).
- Em outro vagão, perguntei a uma senhora se ela não queria brincar. Ela riu, com a mão na boca, e cochichou que tinha tirado os dentes. Mostrou-me os filhos: uma moça (cerca de 19 anos) e um menino (cerca de 10 anos). Eles iam ao parque de diversões. A moça disse que não tinha tempo para brincar. Propus então brincar de sério com a senhora: quem risse em primeiro lugar, perderia. Ela logo riu e se divertiu muito. Quando descemos, na mesma estação, o grupo já brincava com todos da família. Depois das despedidas, eles ainda voltaram para nos fotografar. A senhora se despediu chorando e dizendo que nunca mais nos esqueceria.
- A chuva melhorou e ficamos um tempo no Memorial da América Latina. Não havia muita gente e então os guardas começaram a se agitar e nos olhar, de tal forma que o grupo se sentiu ameaçado (contexto social). O grupo então se intimidou e "grudou" em mim, buscando autoridade frente à autoridade. Fui até um dos guardas e perguntei se havia algum problema e expliquei quem éramos. Ele disse que estava tudo bem e todos relaxamos.
- Brincamos com um grupo de adolescentes que se reunia para fazer um trabalho de escola. Este grupo tinha um líder e negociamos com ele uma troca de determinadas informações pela participação

do grupo num jogo. Apesar da resistência inicial, acabaram topando e brincamos de bater as mãos no chão de forma alternada e coordenada (este jogo eu aprendi com um transeunte, em outra ocasião, quando saí com outro grupo para jogar nas ruas). Ficou evidente, para nós, uma alteração significativa na sociometria daquele grupo de adolescentes.

Ao encerrarmos, fomos a um restaurante para conversar. Um detalhe curioso da nossa aventura foi que o grupo continuou aquecido: brincou com o garçom e com um grupo de argentinos que ia apresentar um show ao vivo, mais tarde. Só não participamos do show porque não estávamos adequadamente vestidos para dançar tango. Não foi muito fácil desaquecer esta turma, para que pudéssemos voltar à nossa vida cotidiana.

A articulação teórica deste evento foi realizada na aula seguinte e foi extremamente proveitosa para o entendimento dos conceitos do Psicodrama.

• *Depoimentos dos alunos, nesta reunião, para registrar o evento*
— Me marcou a indefinição de para onde iríamos.
— Lembro-me da apreensão que sentia de encontrar alguém que me conhecesse. Era fantasia, depois passou.
— Tinha medo de me perder do grupo.
— Ir para a rua é atuar no lúdico, ousando uma experiência super-rica. Poder superar a apreensão dos medos iniciais.
— Que saco! Sou conservadora!... E depois quebrar a couraça é liberar.
— Foi um marco na formação. Para se expor enquanto pessoa e profissional. Poder gozar trabalhando. Antes era muito racional.
— Foi ótimo podermos nos trabalhar, já que estávamos no último ano de formação. (Aqui elogiaram o diretor da entidade de Psicodrama que permitiu a abertura para que eles escolhessem cursos e professores.)
— Para trazer o outro para dramatizar é preciso se permitir sair do convencional, não só na rua.
— Foi importante resgatar o sair na rua e brincar, que a gente acha que não pode mais, depois que ficou adulto.
— Antes eu ficava constrangida com os aplausos e elogios de outras pessoas.
— Eu tenho vontade de sair novamente hoje em dia, porque acho que seria mais espontânea e criativa.
— Os materiais que foram levados não foram tão utilizados como imaginávamos. Acho que a quantidade de coisas era para nos dar segurança.

Na festa de formatura deste grupo brincaram com o público presente, fazendo um coral erótico, que tínhamos feito em aula. O desembaraço e o sucesso foi grande (notar que estavam fazendo um curso de teatro durante meu curso e neste dia haviam apresentado o espetáculo).

Considerações finais

No primeiro momento deste trabalho, a tensão e o medo superavam o *Prazer*, mas não o suficiente para que as pessoas se bloqueassem em sua espontaneidade. Arriscaram e inverteram para o prazer superando a tensão, através do *Acordo* mútuo e durante a *Vigência* do contexto lúdico.

Claro que a reação do grupo às interferências importantes do contexto social — bêbado e guardas — eram de medo e conseqüente perda momentânea do *clown* construído. O contexto lúdico não é imune a invasões, como vimos nestes episódios, porém, afastada a ameaça e apoiados pela coesão grupal, o trabalho pode continuar sem muito prejuízo à atividade.

Portanto, o trabalho social em espaços abertos, através de sociodramas públicos, jogos ou outras possibilidades de transformação ativa a serem investigadas, pode representar um recurso social muito abrangente. Entendam-se aqui espaços abertos não somente como as ruas, mas também espaços comuns de comunidades específicas.

Gostaria de ressaltar ainda que, neste caso, a técnica do *clown* foi apenas um acessório teatral. Já realizei um trabalho onde não lancei mão deste recurso, mas sempre busco que o grupo tenha prazer, estimulando o senso de humor dos que queremos que tenham prazer conosco.

Os depoimentos aqui apresentados são, por razões óbvias, somente dos alunos, a quem agradeço pela carinhosa contribuição. E as pessoas com quem brincamos? Não sei quem são e, provavelmente, nunca saberei. Mas acredito que algumas delas tenham tido, além de um momento agradável de quebra de seu cotidiano, uma fresta para o exercício de sua espontaneidade. Quem sabe, mais! Que isto tenha gerado alguma reflexão criativa. Espero que você também tenha aproveitado o passeio... à sua maneira.

Perguntas da organizadora:

1. *O que o Psicodrama acrescentou ao jogo?*

Resposta: O Psicodrama e os psicodramatistas vêm acrescentando aos jogos enriquecimento de repertório, operacionalização e difusão em espaços, onde o jogo anteriormente não era utilizado, como em empresas, universidades, instituições públicas, etc. Principalmente o psicodramatista brasileiro, que tende a valorizar mais o aquecimento, sente necessidade de criar cada vez mais jogos e de melhor qualidade, como preparação para a dramatização. Em nosso último Congresso Nacional, em Águas de S. Pedro, pude encontrar belíssimos trabalhos neste sentido. Não vou citá-los, pois, certamente, estaria sendo injusta com os trabalhos dos quais não participei.

Porém, lamento que estes trabalhos não sejam nomeados como jogos dramáticos. Não sei dizer se os próprios psicodramatistas não sabem que o que fazem é jogo, ou existe um preconceito com a denominação de jogo dramático. Esta última hipótese combina com o preconceito geral da sociedade de que jogar é coisa para criança.

O fato é que ainda não tivemos uma mesa de debates sobre jogos para discutir melhor tudo isso.

2. Como você vê os jogos onde tensão, medo, etc. estão presentes e são necessários? Como por exemplo, o jogo entre Chapeuzinho Vermelho e o lobo mau?

Resposta: Jogos em que medo, vergonha, tristeza, raiva, etc. estão presentes são importantes e os utilizo freqüentemente. Lembro-me que meu irmão mais velho, quando eu era pequena, brincava com meus primos e comigo de sentar-se, imóvel, em uma poltrona e então mexíamos com ele. Nunca sabíamos o momento exato em que ele iria se movimentar e correria atrás de nós, para nos pegar. Tínhamos medo, porque ele era grande e forte, mas o prazer de superar o medo era maior. Aí está o lobo mau! Na minha opinião é contexto lúdico, enquanto o prazer supere as tensões de qualquer tipo, transformando assim a tensão em energia criativa e não em bloqueio da espontaneidade.

3. É possível jogos distanciados da comédia em espaços abertos?

Resposta: O ponto-chave do trabalho, tanto em espaço aberto, quanto fechado é o prazer de jogar e não o riso. Todos sabemos o quanto é possível sentir prazer num choro, ou numa explosão de raiva. No caso deste trabalho utilizei a "técnica do *clown*", que não é gênero da comédia, mas busca o trágico pela vertente cômica.

Assim também na antiga Tragédia Grega o público participava intensamente com torcida, palmas, risadas, escárnios de sua própria dor, pois todos conheciam o final trágico que adviria e nem por isso o prazer era menor.

No entanto, acho difícil uma abordagem de estranhos na rua para um jogo, consentido, que não seja de forma alegre e leve. Parodiando Vinicius de Moraes, que me perdoem os mal-humorados, mas o senso de humor é fundamental.

Referências Bibliográficas

1. Fases do desenvolvimento dos papéis sociais.
2. MORENO, J. L. *Psicodrama*. São Paulo, Cultrix, 1984, p. 50.
3. RODRIGUES, R. A. Um pouco de Teatro para Psicodramatistas. *Rev. Brasileira de Psicodrama*, Ano I, 2, p. 11-20, 2º sem. de 1990.
4. CAILLOIS, R. *Les Jeux et les Hommes:le masque et le vertige*. Paris, Idées/Gallimard, 1967.
5. COURTNEY, R. *Jogo, Teatro & Pensamento*. São Paulo, Perspectiva, 1980.
6. MONTEIRO, R. F. *Jogos Dramáticos*. São Paulo, McGraw-Hill, 1979.
7. RODRIGUES, R. A. *O Psicodrama e o Ensino. Aplicação de técnicas psicodramáticas no ensino de um teste de personalidade*. São Paulo, 1988, p. 15-16, dissertação de mestrado ECA-USP.
8. Protagonista: É o primeiro combatente (*proto-agonistae*). Tem como função, ajudado pelo diretor, dar as diretrizes da cena (organizar o cenário, as personagens e a situação conflitiva a ser representada, ou seja, a trama).
9. ROJAS-BERMÚDEZ, J. G. *Introdução ao Psicodrama*. São Paulo, Mestre Jou, 1977, p. 57.
10. BERGSON, H. *O Riso-Ensaio sobre a Significação do Cômico*. 2ª ed., Rio de Janeiro, Guanabara, 1987, p. 25.
11. MORENO, J. L. *Psicodrama*. São Paulo, Cultrix, 1984, pp. 39-40.
12. Idem, ibidem, p.140.
13. BALLY, G. *El Juego com Expressión de Liberdad*. México, Fondo de Cultura Económica, 1964.
14. ALMEIDA, W. C., MONTEIRO R. (org.). *Técnicas Fundamentais do Psicodrama*. São Paulo, Brasiliense, 1993, p. 32.
15. Jogo normalmente feito com barbante entremeado nos dedos de um, que passa para o outro com desenho diferente.

10. Máscaras, jogo e sociodrama

*Mário J. Buchbinder**

O jogo com máscaras é uma atividade participativa, realizada com público numeroso. Com técnicas plásticas simples, são criadas máscaras a partir das quais realiza-se um trabalho corporal e montam-se cenas rápidas, primeiramente com grupos pequenos, os quais, posteriormente, se fundirão num grupo amplo. Refiro-me a grupo amplo porque já realizamos trabalhos de criação de máscaras com públicos de 50 e até 800 pessoas.**

Momentos do trabalho de criação de máscaras

1. Entrada do público;
2. Elaboração das máscaras;
3. Trabalho corporal e dramático em pequenos grupos;
4. Integração ao grupo amplo;
5. Fechamento.

Esses momentos são importantes quanto aos fatos que ocorrem no decorrer do espaço de tempo no qual se desenvolvem e, na seqüência, à interligação entre eles. Permitem leituras sob o ponto de vista do sociodrama e do jogo propriamente dito.

---

* Médico, psicodramatista, professor de psicodrama e presidente do Instituto de las Máscaras, em Buenos Aires — Argentina.
** Para uma descrição mais ampla do trabalho com máscaras, em outros níveis (terapêutico, docente, expressivo e artístico), veja Referências Bibliográficas.

1. *Entrada do público*: A entrada, as expectativas prévias, a disposição espacial e a constituição de grupos menores, a espera para o "começo da atividade" até seu começo efetivo, tudo isso é altamente significativo no tocante à direcionalidade que a atividade tomará. É exatamente nesses primeiros momentos que se definem as características do trabalho.
2. *Criação das máscaras*: Nesta fase há produção de sentidos, plasmações fantásticas, cenas e personagens que tomam corpo, tridimensionalidade. Esta fase correlaciona-se com os materiais utilizados (elementos descartáveis, cartolinas, tecidos, papéis, etc.), com o modo de combinar as cores, as texturas, a maleabilidade, a utilização de técnicas plásticas, a maneira individual ou coletiva de criar de cada um (com ou sem a ajuda dos demais), etc. É uma produção consciente e inconsciente.
3. *Trabalho corporal e dramático em grupos pequenos*: Este é o momento de "pôr a máscara" criada. As personagens que foram sendo geradas na etapa anterior ganham movimento. Será este o momento de seu nascimento ou terão elas nascido no instante em que começaram a criar-se as máscaras?

Muito além dessas respostas, as personagens aparecem iluminadas pelas cenas que se vão originando, em cada grupo. Há uma simultaneidade nas cenas, com uma certa unidade em cada grupo. As diferentes construções da fantasia fundem-se ou não. É interessante analisar o estilo e o conteúdo das dramatizações que aparecem em cada grupo. Quando a criação de máscaras se realiza como atividade interna de uma instituição, as características das dramatizações são reveladoras. Pode-se assim utilizar esse material para uma análise institucional.
4. *Participação no grupo amplo*: É particularmente interessante a passagem dos grupos menores para o grupo grande. Surge o aspecto panorâmico do olhar, é a passagem para um universo de maior amplitude. É um momento de coordenação entre todos os integrantes da atividade, quando nem sempre os grupos menores se conservam. Surge a possibilidade de todos se observarem com suas máscaras, como por exemplo ao formarem uma grande roda; ou também nos momentos de visualização dos grupos menores, que apresentam uma montagem ou posam para uma fotografia real ou imaginária.

Os entrecruzamentos e agrupamentos espontâneos, surgidos no decorrer da atividade, têm duração variada. Muitos deles assumem, por conta própria, a montagem de cenas que se representam quase que por si mesmas. Surgem cenas simultâneas no grupo maior e momentos de participação em uma cena única, da qual são protagonistas às vezes todos os participantes, às vezes apenas um subgrupo ou até mesmo apenas um protagonista. Estudamos a simultaneidade de cenas, relacionando-a à estrutura carnavalesca.

5. *Fechamento*: Depende das características do enquadramento que se dê. Numa atividade de criação de máscaras festivas, pode-se finalizá-la com um baile. Numa de análise institucional, com momentos de reflexão sobre a relação entre a máscara e a estrutura da instituição. Em todas as circunstâncias, porém, deve-se destacar a passagem do espaço do jogo para o da realidade: saída da personagem da máscara, do clima do jogo.

Caos e organização

Um dos sentidos da atividade é o jogar com as dicotomias: organização/caos, estruturação/desestruturação. São jogos acerca da identidade. O ato do sujeito de colocar uma máscara em si produz certos graus de questionamento da identidade, assim como o fato de esse mesmo sujeito perder-se entre tantos grupos, a passagem do momento 2 para o momento 3, o perder-se no grupo amplo, etc. Os instantes de identidade configuram-se quando ao contemplar-se ao espelho, o papel dos coordenadores, o sentimento de pertencer aos grupos menores, a brincadeira da foto, o olhar/entreolhar-se no círculo dos mascarados, etc. O diretor deve ter sempre em mente a presença desse movimento pendular entre estruturação e desestruturação.

A ótica do jogo

Sob o ponto de vista da situação de jogo, a criação de máscaras apresenta características distintas entre si:

A. Intensidade;
B. Produção da fantasia;
C. Visão participativa e distanciadora;
D. Espaço e objeto transicional;
E. Regras explícitas e implícitas.

A. *Intensidade*: Para seu próprio desenvolvimento, o jogo deve apresentar um determinado nível de intensidade, abaixo do qual perde-se o interesse e acima do qual se ultrapassa o limite do "faz-de-conta", que é outra de suas características. O fato de o sujeito encontrar-se ao mesmo tempo dentro e fora significa participar do jogo e, simultaneamente, contemplá-lo do seu lado externo, do ponto de vista do "eu observador". O equilíbrio, tanto sob o ângulo do jogo em geral, como no do psicodrama em particular, deve estar voltado para o atingir-se uma intensidade determinada, onde o jogo possa ter lugar.

B. *Produção da fantasia*: Os jogos representacionais, entre os quais se insere o psicodrama, geraram uma produção da fantasia não predeterminada. Isto coincide com a preocupação de Moreno em ir além da conserva cultural com o fim de poder "jogar" com a imaginação em seu "status nascendi", determinada como o é pelo imaginário individual, grupal e social, pelo momento particular no qual se desenvolve, pelas características dos integrantes, pela instituição, pelos materiais utilizados, etc.

C. *Visão participativa e distanciadora*: Como toda situação de jogo, o jogo com máscaras dá-se no plano do "como se". A máscara possui o sujeito que a porta, mas isso acontece no plano do imaginário. Desta maneira, pode-se estar dentro do universo da máscara e, ao mesmo tempo, fora, como observador.

D. *Espaço e objeto transicional*: Tomando-se as conceituações de Winnicot, a máscara, no processo de sua criação, vai-se constituindo num objeto transicional. Trata-se de um objeto externo e, ao mesmo tempo, interno. Nesse sentido, seu espaço criativo transforma-se num espaço transicional.

E. *Regras explícitas e implícitas*: Como em toda situação de jogo, há regras explícitas: o tempo de cada uma das etapas, o início e o encerramento da atividade, os materiais com os quais se criarão as máscaras, etc. Também há regras implícitas: a aceitação das consignas, o cuidado com os materiais e com os demais participantes, os ritmos, o acordo com relação ao "como se". Por exemplo, se alguém utiliza uma máscara de uma personagem agressiva, não deverá personificá-la a tal ponto que acabe por agredir alguém além dos limites do "faz-de-conta".

Visão sociodramática

Sob o ponto de vista sociodramático têm-se levantado algumas questões acerca das funções das dramatizações, dos protagonistas, do trabalho plástico da criação da máscara, da própria máscara, dos grupos menores e maiores, da relação com a instituição na qual se realiza a atividade, etc.

Nos jogos com máscaras há níveis distintos de análise sociodramática. Quando tivemos a oportunidade de realizá-la num centro cultural ou no Museu Nacional de Belas Artes, em Buenos Aires, Argentina, a análise sociodramática investigava os papéis, os grupos, as temáticas culturais e ideológicas em geral. Se o trabalho se realizar numa instituição da qual seus integrantes façam parte, a análise sociodramática revelará a estrutura institucional, a participação dos subgrupos, os líderes, papéis, normas, ideologias, etc.

Nem sempre se realizam jogos com máscaras visando a análise sociodramática e/ou institucional. Muitas vezes, o interesse é simplesmente festivo, expressivo e/ou de jogo. Nesse caso, os diretores devem evitar todo tipo de interpretação. As análises posteriores podem ser usadas como material de investigação, mas essas situações não devem ser utilizadas como elemento interpretativo, pois estariam fora de contexto. A soberania terapêutica, nesse caso, é a das regras do jogo. Nada mais, nada menos!

A estrutura da atividade com máscaras foi pensada, em sua origem, como uma estrutura de jogo. Começamos a realizá-la em 1978, em plena época da ditadura militar argentina, quando os espaços lúdicos e de participação popular encontravam-se muito limitados. Houve muito temor ao iniciá-la: era o temor e as resistências ao lúdico que se manifestavam intensamente, num momento institucional de repressão. Acabou gerando um florescer de espaços de jogos e de expressão. Tratava-se de jogar com o esconder-se/revelar-se, desmascarar-se. Este é o aspecto fundamental de todo trabalho com máscaras: o mascarar-se produz sempre o efeito de desmascaramento. Posteriormente, utilizamos a técnica para a análise sociodramática institucional.

O jogo com máscaras, desenvolvido como momento de expressão de uma comunidade ou instituição, é uma dentre as várias maneiras pelas quais também se expressa o paradigma sociodramático.

As pequisas de Moreno sobre o sociodrama e sua relação com o psicodrama dizem respeito à encruzilhada formada pelas vias do individual, do grupal e do social. Esta é a razão de Moreno ter acentuado que o psicodrama se ocupa do individual, e o sociodrama, do grupal. Sabemos que assim é, mas sabemos também que ninguém pode ocupar-se do individual sem ocupar-se, ao mesmo tempo, do social e vice-versa.

Relação papel-máscara

Os papéis psicossomáticos, psicodramáticos e psicossociais configuram o átomo social. A máscara joga, por um lado, enfatizando o papel (*role*), relacionando-se diretamente com este e podendo, inclusive, homologar-se. Ela acentua a importância do papel que, por sua vez, define-lhe a função. Por outro lado, a máscara apontaria o que fica por fora do papel, da personagem e do átomo social. Marca o limite do impenetrável, do indizível, do real.

Sintetizando, refiro-me a um duplo aspecto da máscara: a) homólogo ao do papel; b) relacionado com o indizível e com o real.

Estilos ou modalidades dramáticas

Comprovei que no trabalho com máscaras, assim como em outras situações grupais, mostram-se tipos de dramatizações distintos entre si. Creio que são estilos ou modos de resolução de nós relacionais, grupais e dramáticos, enquanto situações conflitivas. Denomino as mais comuns, provisoriamente, de dramatizações estilo "happy end", "trágicas" e "becketianas".

Em muitas das dramatizações com máscaras repetem-se situações nas quais se apresentam graus muito elevados de desorganização, ao lado de um certo grau de ambigüidade. Essas seriam as dramatizações "becketianas" (pela similitude com o estilo teatral de Becket).

Denomino estilo "happy end" àquele presente na comédia musical norte-americana do pós-Segunda Grande Guerra e pré-Vietnã, onde tudo acaba bem, com falsa e falta de consciência. Na arte, o "happy end" reaparece nas novelas. Fenomenicamente, neste tipo de dramatização aparecem abraços, rodas, unidade ao redor de um centro. O que, realmente, se faz presente, e o que se está elaborando numa cena grupal com essas características?

Nas dramatizações ao estilo "trágico" parece que tudo se destrói, que o herói ou protagonista morre, vê-se abandonado pelos outros seres humanos e pelos deuses.

O conceito de "trágico" aqui referido baseia-se, principalmente, no pensamento de Nietzsche e Deleuze. Nietzsche se opõe à visão do trágico associada ao negativo, à oposição e à contradição. *"O trágico se encontra unicamente na diversidade da afirmação como tal; designa a forma estética da alegria, e não uma receita médica, nem uma solução moral da dor, do medo ou da piedade"*.

O estilo da tragédia sai do plano do ressentimento, ou da insossa busca do positivo, arremedo complementar da sociedade de consumo, que não oferece resposta à queda. É a afirmação, dentro do jogo apaixonado com o destino, no qual se misturam a sorte e a necessidade.

Criatividade e diferentes respostas

Cada uma das modalidades poderia ser relacionada com os planos da repetição e da criatividade.

No "happy end", a completitude e a onipotência são espaços de criatividade enquanto permitem abarcar o todo e a capacidade transformadora. Não o são enquanto negam e desconhecem parte da realidade.

Na tragédia, a catarse, a culpa e o ressentimento podem tornar-se elementos de construção criativa. A repetição trágica pode ser espaço de criatividade, tal como o é a alegria não-ingênua da produção, que é ato poético.

Na dramatização do tipo "becketiana" a ambigüidade, o caos, o não-saber podem aparecer como obstáculos, mas também como espaços de criatividade, já que possibilitam encontrar, no plano da sessão ou do grupo, o aspecto produtivo do caos.

Quadro comparativo dos diferentes estilos de dramatização

Happy End	Encontro com o outro, com Deus e com o Espírito.	Estruturação ao redor de um centro. Ideal romântico.	Ilusão de completitude. Deixa fora o vazio.	Ressalta o imaginário. Mito de constituição e nascimento.
Tragédia	Desencontro homem/Deus.	Desestruturação/ estruturação.	Inclui o vazio na estrutura.	É a potência do ato dramático.
Becketiana	Ambigüidade, ausência de mensagem explícita.	Repetição não aristotélica quanto à temporalidade.	Vazio no lugar do desconhecimento.	Caos produtivo.

Jogo e criatividade

Com a utilização de máscaras, o jogo é a criatividade, que se observa na elaboração das máscaras e das personagens e na constituição de laços grupais, tanto nos menores como no grupo maior. E, especialmente, na maneira de dar espacialidade ao mundo do imaginário, que perpassa a atividade do começo ao fim.

Criatividade nos grupos

Entendo criatividade como a possibilidade de tradução de um código por outro, de um mito por outro, de diferentes maneiras de comunicar-se, de estilos. Entendo a tradução não como cópia, mas como recriação, do passar-se de uma versão a outra. O jogo é condição da criatividade e esta é produto daquele.

Trabalho em planos simultâneos e criatividade

Em outros trabalhos, ocupei-me da estrutura dos grupos ressaltando, mais que a cena única, a produção de significados a partir da simultaneidade de espaços, incorporando a estrutura carnavalesca e a lógica poética como paradigma e modalidade, respectivamente, da criatividade. Trata-se de ir além da cena única, entendida como essência, para analisar-se os fatos surgidos na sessão. Manifestações de metafísica no pensar grupal, entendida a primeira como a busca de uma causa que transcende o próprio acontecer.

Unidade

Há uma preocupação constante, durante o jogo, em encontrar espaços claros de identificação, que têm a ver com a "conservação" dos espaços de identidade e, por outro lado, com os espaços de jogos com "outras" identidades. Poderíamos pensar na atividade com máscaras como um grande espaço lúdico acerca da identidade, relacionado com mitos e com o aspecto de ritual que o jogo geralmente possui, e o jogo com máscaras em particular.

"O mascarar-se não é um jogo, nem um ritual, nem uma festa, sendo, ao mesmo tempo, tudo isso."

A criatividade é o lugar da produção poética; à medida que se sai do espaço do consumidor, na busca desesperada do objeto que possa preencher o vazio do nada.

Perguntas da organizadora:

1. *Quais as contribuições do psicodrama para os jogos com máscaras?*

Resposta: Como psicodramática que é, a máscara não pode deixar de encontrar-se impregnada pelo pensamento moreniano no que diz respeito a uma teoria da ação, à cena, à representação, à espontaneidade, à criatividade, ao psicodramático, ao sociodramático, à relação entre o protagonista e a participação do conjunto do grupo e do público, à construção do personagem e da cena, à utilização de diferentes recursos dentro do cenário, etc. Assim também no que tange às linhas teóricas relacionadas com a espontaneidade, a teoria dos papéis, a catarse. Dessa forma, por exemplo, o jogo com máscaras pode tornar-se um espaço privilegiado como "via de acesso da matriz criadora espontânea para a periferia da realidade humana, a vida cotidiana", como dizia Moreno. A máscara levou-me a pensar que, muitas vezes, utilizamos as teorias como máscaras que impedem o encontro com o outro e com a busca sem preconceitos da verdade, como sugeria Moreno em suas análises da "conserva cultural".

A atividade com máscaras pode relacionar-se tanto com o sociodrama como com o teatro espontâneo.

2. *Como a ação protagônica é trabalhada nesse tipo de jogo?*

Resposta: A ação protagônica pode centrar-se num indivíduo ou num grupo. No primeiro caso, o indivíduo encontra-se representado, por um lado, por sua própria individualidade e, ao mesmo tempo, é representante do subgrupo e do grupo todo.

Sua dramatização é emergente e, em parte, sintetiza e condensa a fantasia grupal.

3. *Nesse caso, como o diretor de psicodrama trabalha o protagonista?*

Resposta: A atitude do diretor em relação ao protagonista reveste-se da especificidade exigida pela situação do jogo com máscaras, mas apresenta também aspectos comuns a toda prática psicodramática. Poderíamos considerar todo o trabalho prévio com o protagonista, na dramatização, como um aquecimento inespecífico no qual o grupo amplo vai amadurecendo para o momento da eleição do protagonista, ainda que isto possa vir a ser analisado posteriormente, pois muitos jogos com máscaras não se resolvem com essa eleição. A construção da máscara, por aquele que será o protagonista e pelos egos-auxiliares, determina que esse aquecimento seja plasmado nesse objeto plástico em que está projetado o mundo interno dos participantes da cena. Não é raro que dela participem os egos-auxiliares, com ou sem as máscaras vestidas. Os conteúdos dramatizados relacionam-se com a história individual das pessoas, com as fantasias do subgrupo e com os mitos básicos dos seres humanos.

Na dramatização com máscaras o diretor deve preocupar-se não somente com a entrada em cena, mas também com a saída, dada a intensidade das fantasias. A saída se dá não apenas retirando-se as máscaras, ou no final; o diretor deve estar atento também aos aspectos desmascarantes, desestruturantes e organizacionais.

4. *Quando uma dramatização com máscaras é sociodrama?*

Resposta: A dramatização com máscaras pode constituir-se ou não num sociodrama, dependendo de seu objetivo. Quando o objetivo está centrado, como em todo sociodrama, na busca da estrutura grupal, na definição da estrutura dos papéis, no trabalhar com a criatividade e com a espontaneidade grupal, etc., todo o jogo com máscaras estará em função desse objetivo ou enquadramento.

A especificidade dos jogos com máscaras em relação à prática psicodramática sem máscaras está ligada ao fato de que seu uso pode produzir um efeito de ruptura na relação pessoa-papel. A máscara pode ter um efeito de desestruturação em função do qual o produto cênico deixa de ser o programado. Assim, por exemplo, não se obterá o pai que se havia planejado, mas sim a súbita emergência de um traço especial da máscara fará sobressair, num efeito cênico, um papel diferente do esperado.

Referências Bibliográficas

BUCHBINDER M. J. *Poética del desenmascaramiento. Caminos de la cura.* Buenos Aires, Planeta, 1993.
BUCHBINDER, M. J. & MATOSO, E. *Las máscaras de las máscaras. Experiencia expresiva, corporal, terapéutica.* Buenos Aires, Eudeba, 1994.
MORENO J. L. *Psicodrama.* Horme, Buenos Aires, 1974.
_____. Sociometría y Psicodrama. Buenos Aires, Deucalión, 1954.
WINNICOT, D. *Realidad y juego.* Buenos Aires, Granica, 1972.
NIETZSCHE. *El nacimiento de la tragedia.* Madrid, Alianza, 1977.
DELEUZE. *Nietzsche y la filosofía.* Barcelona, Anagrama, 1986.

11. Realidade-ilusão, verdade-mentira: onde é o palco do jogo?

*Júlia M. Casulari Motta**

"Tudo é real porque tudo é inventado."
Guimarães Rosa

O começo deste capítulo é uma conversa entre uma mãe psicóloga e um filho estudante de engenharia, acontecida num restaurante à beira-mar, em um dia de sol a pino, calor e areia branca. Essa cena foi o aquecimento para essas reflexões:

"—...mas aí, sim, fica parecendo realidade virtual...
— E o que é realidade virtual?
— É assim: um menino vê um *outdoor* com uma gostosa de saia curta. Aí este menino sai correndo pra perto querendo ver mais. Entendeu?
— Quase!
— Olhe, realidade virtual é uma coisa, se você olhar por um ângulo, e não é, se você olhar por outro ângulo. Assim, você projeta uma realidade que não é ainda, mas já é, porque é real o que você pensou. Daí um monte de idéias novas e a gente cria pra caramba!"

E a conversa foi longe, até cansar e a sombra e água fresca virtuais, que eram reais sem serem reais, ficaram reais com a conta do garçom.

Podemos nos perguntar: Onde nasce a realidade virtual? Será esta a fonte da espontaneidade-criatividade, ou o contrário? Ou serão ambas filhas do imaginário?

Certa vez li uma entrevista com Chico Buarque em que lhe foi atribuída a seguinte frase: "Não faço terapia porque tenho medo de parar de compor". Não sabemos da autenticidade da afirmação, mas

---
* Psicóloga, psicodramatista, professora-supervisora e terapeuta de alunos pela FEBRAP no IPPGC-Campinas.

refletindo sobre o citado podemos pensar que um certo tipo de terapia pode vir a empobrecer, talvez estabelecendo uma espécie de colonização do imaginário através das racionalizações culturais e sociais no homem.

Para contrapor essa imagem de um processo terapêutico, cito outra personalidade de vida pública que, em um filme, disse: "O homem é como o carro, de vez em quando precisa de uma recauchutagem". Dessa maneira, Woody Allen recomenda terapia para todos.

Como saber? Quantos níveis de realidade existem? Como avaliar um trabalho terapêutico? Realidade-ilusão, verdade-mentira: Onde é o palco do jogo?

Pertencem à mesma família etimológica real, realeza, realidade, rei. Às vezes, se crê que a palavra do rei é a realidade-verdade, mas é sempre bom se perguntar a que rei estamos obedecendo, de que realeza fazemos parte.

Como este é um livro sobre jogos, o primeiro exemplo proposto é uma história da carochinha, a do *Rei Nu*.

O rei, vaidoso, instituiu um concurso cujo prêmio seria uma grande fortuna para o artesão que lhe fizesse o mais belo traje. Um esperto artesão se apresenta com um tecido invisível que somente os muito inteligentes seriam capazes de ver. Tece a roupa do rei e, nos desfiles dos festejos, todo o reino aplaude, confirmando a realeza do rei. Até que uma criança aponta e exclama:

— O rei está nu! O rei está nu!

Com esta história é possível refletir sobre vários níveis de realidade-verdade, realidade-ilusão, verdade-mentira, ou realidade-mentira, ilusão-verdade. O Rei Nu trouxe, do plano de sua realidade virtual, para o *socius* uma verdade-desejo, ter a mais linda roupa, propiciando a criação de um jogo onde Rei e artesão, num critério sociométrico complementar, são as personagens que contracenam com o povo. O rei instituiu o concurso de quem seria capaz de criar as provas concretas da sua fantasia. Quando a história nos apresentou o artesão como "o esperto artesão", é possível refletir como este, não acreditando no rei, mas na sua capacidade imaginativa de convencer o rei, constrói a mais bela roupa "no faz-de-conta". Não há conflito, o rei feliz desfila acreditando ter o seu desejo realizado, e o esperto artesão, feliz, desfila a conquista da fortuna. Tudo teria terminado bem caso a criança em destaque, possivelmente frustrada em seu desejo de ver a linda roupa do rei, não tivesse encarnado a personagem protagônica que muda o jogo da complementaridade da ilusão-verdade entre rei e povo.

Retornando a uma visão de como o jogo complementar aparecia na estrutura da tragédia grega, cito Junito Brandão[1]: "Coro e atores, na realidade, o que os distingue são as formas diferentes de expressão humana: o coro representa o que é da ordem dos sentimentos, e os atores se ocupam do desenvolvimento e exame do que é temático... o papel do coro é testemunha, confidente, espectador ideal, conselheiro, associado na dor, juiz, intérprete lírico do poeta, eco da sabedoria popular, traço de união entre o público e os atores... Em Ésquilo e Sófocles o coro, atuando como intérprete do público e participando ativamente da ação, é o verdadeiro ator".

Nesta história do *Rei Nu* vem do coro (povo), o verdadeiro ator, eco da sabedoria popular, traço de união entre o público e os atores, a personagem protagônica vivida pela criança. Esta, ao denunciar o engodo, salva o rei da exposição ao ridículo, e o povo, da confusão entre crer no que percebe ou crer no desejo do rei. A personagem protagônica traz consigo a força do novo, é aquela que rompeu com a fronteira do estabelecido, do convencionado como realidade-verdade.

O verdadeiro ator é, neste texto, tomado como sinônimo da personagem protagônica, aquele ator que traz para o projeto dramático um novo nível de compreensão que modifica a visão do real. Quando esta é aceita pelo grupo torna-se a nova realidade-verdade estabelecida, até que nova personagem protagônica a renove. A realidade é para o homem um conceito de verdade relativa, pois relacional.

Para refletirmos sobre alguns possíveis níveis de realidade-verdade, convido o leitor para vermos alguns filmes juntos. Comecemos pelo filme: *Forrest Gump: o contador de histórias*.

Forrest Gump — um rapaz avaliado como limítrofe, conta sua história, sentado num banco público de jardim, aos desconhecidos que se aproximam. A complementaridade entre as cenas contadas em tom monótono e as cenas filmadas, já reinterpretadas com colorido e força de penetração, tornam o filme vencedor.

No contexto da narrativa o filme mostra uma pobreza imaginativa do ator-narrador. Faltam-lhe elementos simbólicos e fantasia, próprios da realidade virtual; a realidade é inquestionável e fixa, acreditada como sendo a do estabelecido social e culturalmente transmitida pela interação mãe-filho. Esta ensina ao filho, por exemplo, a responder aos que o chamam de idiota, que "idiota é quem diz idiotices"; esta saída o salva da condenação ao rótulo de excepcional. Noutro momento também esta mãe ego-auxiliar lhe diz que "É necessário pôr o passado para trás antes de seguir adiante".

Como lhe falta riqueza imaginativa, Forrest Gump recorre ao expediente culturalmente ensinado, de correr para estabelecer distância, no caso, definindo algo como passado.

Assim, quando sociometricamente se vê numa escolha incongruente com sua amada, que o abandona, sai correndo sem parar. É descoberto pelos meios de comunicação que criam uma lenda dando significado ao jogo de correr, tornando o corredor um mito. Quando lhe perguntam por que corre, ele responde: "Não sei!" A legião de seguidores procura a tradução mística filosófica da sua resposta: "não sei!": Onde estavam os segredos misteriosos?

Comparemos as cenas de Forrest Gump com a história do Rei Nu; nesta, a personagem protagônica-criança é o terceiro que vem romper o real social que é tomado como verdade a partir de uma complementaridade estabelecida entre rei e povo. Podemos comparar com a estrutura de um projeto dramático que se concretiza no palco do psicodrama com a dramatização.

Na dramatização, a personagem protagônica é uma nova personagem, diferente do par complementar relacional. Na tragédia grega, entre as personagens que se encarregam da narrativa que desenvolve o temático e o coro como testemunha, confidente, intérprete, buscamos o substrato para o novo, para a possibilidade protagônica-palco do psicodrama.

No filme podemos refletir uma saída diferente que surge entre as personagens (Forrest Gump e Genny, sua amada) quando este a pede em casamento e Genny foge. O caminho de solução do conflito foi o jogo, cena de um papel de fantasia.

Como conceitua Perazzo[4]: "É o papel que pode-se jogar fora do contexto psicodramático, sem intermediação da técnica, mas com função espontânea e criativa, portanto, "função psicodramática". O jogo, como papel da fantasia, desenvolvido na realidade suplementar, reúne o par dialético realidade-ilusão, "o faz-de-conta" que possibilita às personagens recontarem os seus dramas. No filme, Forrest Gump joga já não mais como impotente, o idiota rejeitado pela namorada, mas como um personagem que está ativo, potente e incansável, pois corre três anos, dois meses e quatorze dias e uma hora, até sentir no passado a dor da perda. No jogo a força protagônica é assumida pelas personagens envolvidas no conflito, sem que necessariamente se destaque o terceiro como na história do Rei Nu.

A ação reparatória e rematrizante do conflito se desenvolve no jogo, reciclando em espiral a construção de uma nova realidade-verdade que acontece ao se romper a barreira da realidade estabelecida. Na cena-jogo, de correr ao ser rejeitado, a evolução da personagem acontece quando este reúne elementos da personagem ego-auxiliar-mãe, que lhe diz como não ser idiota e lhe aponta a necessidade de pôr o passado para trás antes de seguir em frente. Também da ego-auxiliar-amada vem a saída que deve correr quando rejeitado e de que não é aceito como noivo.

O conflito se instala quando seu projeto virtual de se casar com a amada é frustrado por uma sociometria incongruente.

Do contexto social e grupal vem o conflito e a pista da solução. O ator-brincante cria seu jogo e nele evolui sua personagem de idiota-rejeitado para corredor-ídolo, poderoso, capaz de deixar a dor no passado. Eis uma das características principais de diferenciação entre uma dramatização e um jogo dramático, peculiaridades na evolução das personagens. No jogo as personagens partem do desejo, da fantasia para a construção da nova realidade, da solução do conflito, como se o drama não existisse e, conseqüentemente, como se não houvesse conflito. Na dramatização as personagens centram-se no conflito, buscando desvendar a trama do drama para chegar ao desejo. A rematrização da cena no jogo é o caminho do teatro espontâneo, e a da dramatização é a do teatro terapêutico. Ambas propiciam a abertura da transformação, devolvendo as personagens ao fluxo do caminho evolutivo. A este caminho do desejo para o drama, que o jogo permite e faz, denominei de *ECONOMIA*, por ser o mesmo movimento econômico que o homem fez ao evoluir do sacrifício humano para o sacrifício animal, para a representação que resultou em ritos, rituais religiosos e teatro.

Tomemos agora um novo filme como exemplo, e vejamos como o jogo se constrói nessa nova história. Em *O Enigma das Cartas*, o filme começa com um diálogo entre duas personagens: uma menina e um velho conversando durante uma viagem pelo México após a morte do pai da criança:

"— Por que as pessoas sonham?
— Para ver melhor as coisas.
— De onde vêm as pessoas?
— Os deuses as fizeram.
— Onde moram os deuses?
— Moram em todas as coisas vivas.
— Por que fizeram as pessoas?
— Estavam aborrecidos e queriam divertimento.
— Por que os deuses deixam as pessoas morrerem?
— Elas não morrem, vão de uma casa para outra.
— Onde papai mora agora?
— Lá em cima, no berço da lua.
— Como ele consegue chegar até lá se ele está morto?
— É preciso ficar muito quieto para ver as coisas.
As pessoas não morrem, vão de uma casa para outra até se juntarem à luz da lua..."

Ao longo do filme, da relação entre as personagens mãe, velho, criança e pai morto mas vivo, nasce o conflito denunciado pela personagem criança: a morte existe, ou não?

Da personagem ego-auxiliar-mãe vem uma solução para a morte — "basta não chorar que ele não morre pra valer". Da personagem-velho, vem a proposta confirmatória de que a morte não existe, que as pessoas mudam de casa, reunindo-se na lua. A criança — ao contrário da personagem Forrest Gump do filme anteriormente narrado — busca a saída para o conflito no ensimesmamento no casulo de si mesmo. No filme, o estado autista é designado como a realidade-verdade dos números ímpares, aqueles que somente são divisíveis por um e por si mesmo. Este conceito surgiu após uma cena em uma clínica especializada, onde crianças especiais comunicavam-se através da linguagem dos números ímpares, aparentemente aleatórios e sem nexo. O velho amigo da família, a mãe e a menina órfã estabelecem uma aliança silenciosa sobre a morte e o morrer. A partir dessa cumplicidade, a criança desenvolve um projeto de comunicação com o pai "que morreu, mas não morreu na fantasia, onde a realidade-verdade é exclusiva de um código intrapsíquico, em que os outros níveis de realidade, suplementar e complementar, ficam sem livre trânsito. O adoecer não está em visitar o imaginário, mas em morar nele. Qualquer realidade tomada como verdade absoluta, portanto, negando outras possibilidades, enrijece o homem.

A história começa com a morte do pai numa família onde é feito um pacto entre mãe e filhos de não chorarem a morte. A filha de 6 anos tem um velho como amigo que lhe dá uma visão especial da morte. No decorrer do filme a menina apresenta comportamentos autistas e através do jogo do enigma das cartas nasce a solução do conflito.

A criança cria um jogo enigmático com cartas de baralho em forma de uma construção que lembra uma espiral, entra dentro da sua obra e, silenciosamente, faz movimentos de voar.

Nesta cena a criança torna-se ego-auxiliar para a personagem-mãe que, no computador, reconstrói a obra da filha dando vida ao enigma das cartas. Com o recurso tecnológico da realidade-virtual computadorizada foi possível traduzir o caminho de solução do conflito: Não era possível alcançar o pai morto construindo uma escada para a lua, portanto, a solução estava em poder sentir a dor da perda, a autorização para chorar.

No filme *Forrest Gump*, a solução lúdica do conflito foi o jogo de correr com muitos elementos da realidade complementar social. Em *O Enigma das Cartas*, a solução do conflito nasce em um jogo com muitos elementos da realidade virtual. O lúdico circula entre vários níveis de realidade-verdade, ora mais próximo da realidade-verdade social ora mais próximo da realidade-verdade virtual, mas a criação no jogo é atributo da realidade-suplementar. Outros níveis de realidade contribuem com recursos para a evolução das personagens em atores-brincantes (jogo) ou em protagonistas (dramatização).

Onde está a verdade e a mentira? Verdade-mentira, traduzidos por conhecido-desconhecido, podem ser faces de uma mesma realidade.

Moreno[6] define o Psicodrama como a ciência que explora a verdade por métodos dramáticos. Em vários momentos Moreno refere-se à verdade sem declarar quantas verdades reconhece como legítimas.

Marieau[7] destaca o recurso de realidade suplementar usado por Moreno para contar sua história "ajeitando-a numa verdade poética e psicodramática que não visa nenhuma demonstração precisa dos fatos, mas uma representação subjetiva da realidade".

Devanir Merengué, em um bonito texto ainda não publicado, analisa a necessidade da mentira para se recriar a verdade e aponta que quando verdade e realidade têm um mesmo e único significado, reiteram de modo inequívoco os valores de uma cultura.

E citando Oscar Wilde sobre o fim último da arte escreve:

"... na arte eu celebro a mentira.

A mentira precisa ser buscada, pois para conhecer a verdade é preciso imaginar milhares de mentiras".

No diálogo entre a personagem-velho e a personagem-criança, é dito que para ver melhor as coisas é preciso sonhar. Tem-se como verdade histórica que Moreno teria dito a Freud que iniciava onde este havia parado, ele permitia que as pessoas sonhassem. O sonho é uma produção da realidade virtual e suplementar, é o "como se" do intrapsíquico, enquanto o jogo é uma ação relacional na realidade suplementar, é "o faz-de-conta", a mentira lúdica, pressuposto básico para o palco, portanto, para a espontaneidade-criatividade. O faz-de-conta é uma verdade que traz elementos do novo, o desconhecido que renova o conhecido, o estabelecido, o cultural. Imaginar milhares de mentiras é possibilitar a criação de dezenas de personagens, é jogar reciclando a tradição, a realidade-verdade, do contexto social e grupal.

Imaginar, sonhar, mentira lúdica é algo que se cria sobre o conhecido, é o que nos permite sair do conflito transformado.

Quando na história do *Rei Nu* todo o reino acreditou que o rei estava lindamente vestido pudemos ver a crença numa verdade que era mentira — que a realidade-verdade era a do rei. O personagem *Forrest Gump* não pode mentir ludicamente, pois estava preso nas malhas de uma limitação imaginativa. A personagem ego-auxiliar-mãe, ao não aceitar a realidade-verdade do diagnóstico de idiota do filho, recria a realidade-verdade estabelecida com a mentira lúdica fundamental no filme, na criação da solução do conflito. Esta mãe, como Moreno, não mentiu, usou um outro canal para falar a verdade...

A personagem-criança em *O Enigma das cartas* acreditou na realidade-verdade da mãe e do velho e acabou ficando presa na trama do labirinto. A evolução da personagem-criança acontece a partir do jogo do faz-de-conta lúdico. Quando casamos os pares ilusão e mentira, verdade e realidade, numa aliança indissolúvel, corremos o risco do enrijecimento, que cria a ilusão de que somos donos da realidade-verdade inquestionável. Na rigidez perdemos a liberdade de perguntarmos se estamos certos em nossas realidades-verdades e paramos de crescer. Estar no fluxo do movimento evolutivo nos garante que as realidades-verdades são transitórias, pois relacionais.

Para jogar é imprescindível acreditar na mentira-verdade e na realidade-ilusão (o faz-de-conta). Quando o homem perde esta crença está impedido para o movimento transformador.

No jogo, aquecido pelo encanto do lúdico, para o ator-brincante, nada se parece mais com a realidade do que a ilusão, e ao aproximar verdade-mentira/realidade-ilusão, reúne o conhecido com o desconhecido, o aceito e o não-aceito, reescrevendo suas possibilidades, repintando o mundo com novas cores. No jogo vários níveis de realidade-verdade, ou realidade-ilusão, verdade-mentira se reúnem sem se anularem ou confundirem. Os atores-brincantes, que todo tempo sabem que estão no palco do "faz-de-conta", somente quando voltam para o contexto da realidade-verdade complementar social, onde são regidos por regras e crenças, é que podem avaliar onde estiveram e qual a bagagem da viagem, que fronteiras foram testadas ou rompidas pelo jogo e podem experimentar, então, a alegria e a leveza, heranças próprias do frescor lúdico.

Espero que os exemplos de filmes estejam sendo úteis para esta reflexão lúdica e convido o leitor para nosso último filme: *Nunca te vi, sempre te amei* — a história-romance entre duas pessoas adultas que através de cartas vivem um lindo caso de amor por vinte anos, apesar de nunca terem se encontrado pessoalmente.

Os personagens são parceiros complementares sociometricamente, mas "nunca se viram" em termos de realidade complementar social. As aspas são intencionais pois, o que é ver? Só vemos quando pegamos o outro? As personagens desta aventura se viram ou não? Como ver o invisível? Em qual nível de realidade-verdade podemos pensar este filme?

Com um oceano de distância entre os continentes foram parceiros lúdicos onde elementos de vários contextos de realidade-verdade estão presentes criando uma verdade-mentira numa realidade-ilusão, mas que durante todo o filme-jogo é realidade-verdade.

Não podemos classificar como um caso de amor platônico (realidade-verdade virtual, portanto, intrapsíquica), pois lá estavam as idas e vindas, os cuidados do contexto social e grupal, presentes, comidinhas especiais, brigas, encontros e desencontros. Mas podemos vê-lo como um caso de amor platônico quando enfocamos, por exemplo, o ângulo da sexualidade adulta.

Realidade virtual, realidade suplementar, realidade complementar... o jogo harmônico e saudável de personagens complementares que circulam em diferentes níveis de realidade-verdade sem se perderem, um projeto lúdico que podemos chamar de: "brincadeira de casal".

Isto é comprovável na cena em que o ator-brincante Frank olha uma mulher na livraria onde trabalha e, com o olhar, demonstra todo seu desejo de que seja Helene, sua amada que nunca viu. Apesar de sua expectativa, Frank espera um sinal confirmatório da realidade-verdade social. Quando percebe não ser Helene, volta-se silenciosamente, pensando:

"Se eu tivesse os trajes bordados do céu,
Adornados com luz dourada
E os trajes escuros da noite,
Da noite a luz, e a meia-luz...
Mas eu sendo pobre, tenho só os meus sonhos
Então, estendo meus sonhos sob seus pés
Caminhe com suavidade, pois você
Caminha sobre meus sonhos".

Frank revela, com este poema, o seu jogo de brincar de casal com alguém que nunca viu, mas viu, demonstrando maturidade entre o intrapsíquico e o inter-relacional. O lúdico é um acontecer entre o que é e o vir a ser, é a arte que colore os diferentes níveis da realidade-verdade.

No primeiro exemplo, *Forrest Gump*, a solução do conflito acontece com uma ação em nível de realidade-verdade complementar social: correr. O lúdico, sempre criação da realidade suplementar, neste filme imita a vida social suprindo uma limitação da realidade-virtual.

No exemplo de *O Enigma das Cartas*, a solução do conflito nasce a partir de fortes elementos da realidade virtual; construir uma escada para a lua. Aqui, o jogo lúdico se afasta da realidade complementar social e rompe a fronteira da realidade virtual. A solução lúdica acontece quando se reintegram as diferentes realidades-verdades.

Por fim, neste exemplo, *Nunca te vi, sempre te amei*, a maturidade das personagens adultas faz a solução do conflito acontecer no nível de um pedido de cumplicidade: caminhe devagar, você caminha sobre meus sonhos...

Frank declara seu desejo de continuar sonhando mesmo quando a realidade-verdade social não lhe confirmar a sua realidade-verdade virtual.

Com *Forrest Gump* podemos aprender a contar histórias, fonte de personagens, cenas e jogos. Em *O Enigma das Cartas* aprendemos a desfazer as negações que enrijecem. Com *Nunca te vi, sempre te amei*, aprendemos a envelhecer sem perder a cumplicidade de brincar de amor. Do *Rei Nu*, a não pedir nem aceitar a complementaridade sem critério, e a duvidar do que querem às vezes nos fazer acreditar, desvalorizando o que percebemos. E, por fim, chegarmos ao início do capítulo onde deixamos o diálogo inicial, no exemplo do menino e o outdoor: "é preciso não desistir do novo".

Pergunta: Onde é possível a criação? Somente na realidade suplementar é que há criação?

Resposta: Cito Platão quando diz: "existe uma criação, depois uma recriação e, anos-luz de distância da matriz original, a reprodução de uma reprodução, a cópia de uma cópia, elaborada pelo artista".

Moreno, fascinado pelo momento criador, o dia da criação como fala em sua obra, buscou refazer com o psicodrama o palco do criador — atingir o lugar do criador, chegar a ser Deus. Todo o seu trabalho, podemos dizer, foi uma busca de Deus em seu momento criador. Pouco tempo antes de morrer Moreno confessou a Pierre Weil que não havia chegado a compreender o mistério de Deus, a criação.

Espero com este trabalho estar estimulando reflexões cada vez mais ricas sobre a correlação entre cultura, tradição e criação. Delimito aqui para resposta o palco do jogo.

Quanto ao ator no palco do jogo, existe uma realidade que toma como verdade; é o seu ponto de partida. Esta realidade, a do estabelecido, que é reconhecível pelo indivíduo e pelo grupo, é o que se tornou concreto pelo referendo social. Este nível de realidade-verdade constitui a cultura, permite que as pessoas se reconheçam como sendo da mesma família, do mesmo grupo, da mesma espécie. Nós, os psicodramatistas, somos diferentes mas somos semelhantes, algo é realidade para todo o grupo. Este é o nível da História Oficial, um nível de realidade-verdade importante até para podermos ser oposição ou não. Desta forma a própria realidade-verdade social é substrato e estímulo para acionar a fantasia, o imaginário que é sempre social mas no intrapsíquico do indivíduo.

Para que haja uma resposta espontânea-criativa são necessários vários níveis de realidade presentes no indivíduo ou grupo que rompe então com a história oficial.

No jogo há um distanciamento da realidade-verdade social, mas não uma negação, bem como a presença de aspectos da realidade-verdade virtual. No jogo reúnem-se forças e estímulos vindos de diferentes níveis de realidade-verdade, permitindo que se criem personagens com poder de autor, de criador, com poder de refazer a história oficial.

A criação, que segundo Platão é recriação, é possível ao homem, acredito eu, em qualquer nível sadio de realidade-verdade, pois em todos eles há a presença de várias realidades e de várias verdades. No fluxo do movimento evolutivo o homem sadio é flexível, permitindo rever-se a todo instante.

Para esta forma específica de ação humana, o jogo, seu palco é a realidade suplementar, onde distanciado mas ligado, o homem se permite dar ação à fantasia e movimentar o estabelecido, o confirmado pela cultura.

O jogo no psicodrama, de maneira especial, o jogo dramático, é ação na realidade suplementar, onde o estabelecido se torna móvel e o imaginado se faz ação para fazermos e refazermos a História Oficial numa História sem Fim.

Referências Bibliográficas

1. BRANDÃO, J. *Teatro Grego, origem e evolução*. São Paulo, Arte Poética, 1992, pp. 51-52.
2. O Conceito de protagonista como personagem é criado por Falivene Alves no artigo publicado na *Revista Brasileira de Psicodrama*.
3. MENEGAZZO, Carlos M. *Magia, Mito e Psicodrama*. São Paulo, Ágora, 1994, p. 30.
4. PERAZZO, S. *Ainda e Sempre Psicodrama*. 1ª ed., São Paulo, Ágora, 1994, pp. 88-89.
5. *Forrest Gump* (o Contador de Histórias), 1994, Direção Robert Zemeckis, com Tom Hanks. Paramount Pictures, 1994.
6. MORENO, J. L. *Quem sobreviverá? Fundamentos da Sociometria, Psicoterapia de Grupo e Sociodrama*. Goiânia, Dimensão, 1992, vol. I, p. 83.
7. MARIEAU, René F. *Jacob Levy Moreno. Pai do Psicodrama, da sociometria e da Psicoterapia de Grupo*. 1ª ed., São Paulo, Ágora, 1992, p. 11.
8. 84 Charing cross Road — *Nunca te vi, sempre te amei*. Direção David Jones, com Anne Bancroft e Anthony Hopkins — Columbia Pictures Internacional, 1988.
9. *O Enigma das Cartas*. Direção Michael Lessac, com Kathleen Turner e Tommy Lee Jones, 1992.

www.gruposummus.com.br

IMPRESSO NA GRÁFICA
sumago gráfica editorial ltda
rua itauna, 789 vila maria
02111-031 são paulo sp
tel e fax 11 **2955 5636**
sumago@sumago.com.br